EL HORMIGUERO

Frases célebres de niños

punto de lectura

Pablo Motos (Requena, Valencia, 1965), comunicador y humorista, inició su andadura profesional en la radio, con programas en Radio Nacional, Onda Cero y M80, donde dirige en la actualidad el popular programa *No Somos Nadie.* También ha trabajado en televisión como presentador de *Megacine*, coordinador de guiones de *El Club de la Comedia,* productor ejecutivo de *La Noche de Fuentes* y, recientemente, conductor de *El Hormiguero.* Para el teatro, ha escrito en colaboración *5hombres.com, 5mujeres.com, La vida según San Francisco, El club de la comedia 1 y 2, Entre fuerte y flojo* y *La tentación vive arriba,* y también ha publicado de forma individual *La sonrisa del Mirón* y *No somos Nadie 2.* Su último libro es *Frases célebres de niños 2* (Aguilar, Octubre 2008).

La Web de *Frases célebres de niños* en la página de *El Hormiguero*
http://www.cuatro.com/microsites/el_hormiguero/frases.html

EL HORMIGUERO

Frases célebres de niños

Título: Frases célebres de niños

Torrelaguna, 60. 28043 Madrid (España)
Teléfono 91 744 90 60
www.puntodelectura.com

ISBN: 978-84-663-2129-7
Depósito legal: B-1.787-2009
Impreso en España – Printed in Spain

Diseño de cubierta: El Orfanato (www.elorfanato.com)
Frase de bocadillo de cubierta delante: Heyu, 2 años y 6 meses
Fotografías de las hormigas en cubierta: Pablo Ibáñez

Primera edición: febrero 2009

Impreso por Litografía Rosés, S.A.

frases célebres de niños

El Hormiguero

PRÓLOGO

La mayoría de las conversaciones ya están hechas, están como en el aire. Tú en un restaurante escuchas a los de la mesa de al lado y es casi seguro que podrías seguir la conversación. Ya sabes si son un jefe y un empleado, una pareja que está enfadada, dos amantes o unos amigos poniendo a parir a otro que no está. Y esto sucede, repito, porque la mayoría de las conversaciones ya están hechas. Pero de vez en cuando alguien dice algo «No dicho». Estos hallazgos nos provocan una especie de cosquillas internas que nos hacen sentir bien. Si el que lo dice es un famoso o un intelectual, se convierte en una frase célebre. Y aquí viene lo bueno: un día en casa de Nuria Roca descubrí que los niños, aunque no son famosos, tienen una época en la que no paran de decirlas. Me atrevería a asegurar que más que decirlas las vomitan. Aquel niño, Juan, no paraba, ni su ingeniosa cabeza tampoco. En un momento dado se cerró la puerta de la casa con Juan fuera y dijo: «Mamá, me he quedado encerrado en la calle». Me encantó. Se lo dije a Nuria y me contó que

el día anterior, volviendo a casa en el coche, su hijo le tocó suavemente la pierna y le dijo: «Mamá, nos ha ganado la noche». En aquel momento tuve claro que había nacido una nueva sección para un programa de televisión que estaba preparando y que es *El hormiguero*. Desde aquí quiero mandar mi más profundo agradecimiento a todos y cada uno de los padres que cada semana nos han ayudado a inventar este libro de «Filosofía intantil». Todos los beneficios han sido donados a la Federación Española contra la Fibrosis Quística. Una enfermedad minoritaria, pero terrible, que hace que los niños no puedan respirar porque se les obstruyen los pulmones y que necesita toda la ayuda posible para la investigación, y conseguir así una esperanza de vida más larga y que ésta sea más feliz. Que lo disfrutéis.

PABLO MOTOS

Eva, 6 años

El padre de Eva le preguntó: «¿Tienes ganas de que empiece el colegio?». La niña le respondió: «No». «¿Y por qué?», insistió su padre. Y Eva le dijo: «Porque nos ponen deberes y luego ni nos pagan ni nada».

Adriana, 3 años

Adriana, al meterse por primera vez en una piscina en la que hacía pie, exclamó: «¡Hala, esta piscina sí que tiene suelo!».

Alejandro, 5 años

Alejandro todos los días le quitaba dinero a su padre de la cartera. Un día su padre lo pilló y le preguntó: «¿Qué haces? ¿Me estás robando?». Alejandro le respondió: «No lo estoy robando, me lo estoy encontrando».

Gonzalo, 2 años y 6 meses

Un día le preguntaron a Gonzalo: «¿Qué quieres ser de mayor?». El niño, muy enfadado, respondió: «Lo que no quiero ser es gente».

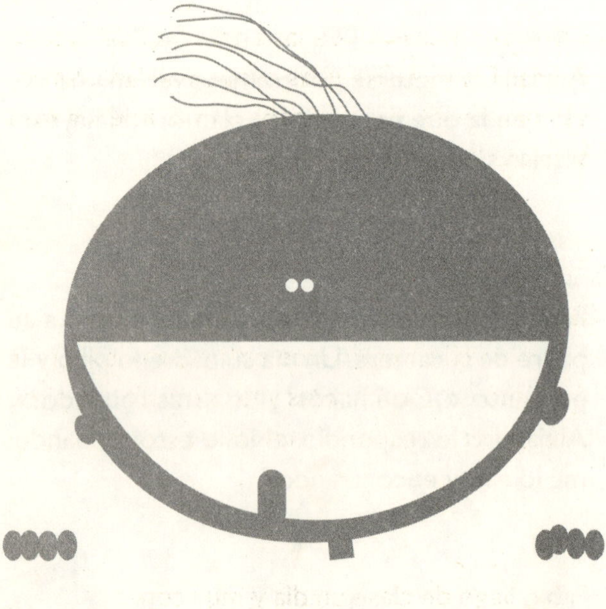

Charlie, 5 años

Charlie estaba discutiendo con su madre, y ella le dijo: «Te tienes que controlar, no puedes decir todo lo que se te pase por la cabeza». Él le contestó: «No puedo, el *celebro* me empuja».

Charlie siempre dice que a su hijo lo va a llamar Batman o Pepe.

Otro día, hablando de las cosas que daba cada animal, Charlie dijo: «Las ovejas dan lana, las vacas dan leche y los cerdos dan la mierda que son los chorizos».

Manu, 7 años

El padre de Manu le hizo una sopa para cenar y le dijo: «Cómetelo, que está muy rico». El niño tomó dos cucharadas y le contestó: «Papi, tú y yo tenemos gustos distintos».

Pablo, 4 años

Pablo llegó de clase un día y, muy contento, le dijo a su madre: «¡Mamá, ya sé cómo se llaman los cataplines; me lo han dicho en el colegio! ¡Se llaman tentáculos!».

Miquel, 3 años

Cuando Miquel entró por primera vez en una iglesia, al ver la imagen de Cristo crucificado, dijo: «¡Mirad! ¡Es Tarzán!».

Mateo, 3 años

La madre de Mateo es bailaora de flamenco. Una noche Mateo abrió un cuento y empezó a hacer como que leía, porque todavía no sabía, y dijo: «Érase una vez el mundo del ensayo...».

Martín, 3 años y 9 meses

La madre de Martín le dijo un día que le gustaba mucho su cara y él contestó: «Te la regalo, pero te la guardo yo».

Luis María, 4 años

Un día Luis le dijo a su madre: «Mami, ¿cierras el armario, por favor, para que no se escape la ropa?».

Luis María estaba de vacaciones con sus padres en un hotel muy lujoso cuando dijo: «Estoy tan feliz... y por eso me como las uñas, porque estoy tan feliz de vivir en este castillo que hemos pagado...».

Otra frase de Luis María: «Mami, lo siento, pero de mayor voy a ser ladrón».

Inés, 3 años

A Inés le insistían mucho en casa para que pronunciara bien algunos sonidos y ella, ya cansada, dijo un día: «Es que yo hablo en inglés».

Daniel, 15 meses

La madre de Daniel dejó un momento en la bañera al niño y a su hermana de 5 años jugando. De repente la madre oyó a la niña gritar: «¡Mamá, mamá, ven...! ¡Qué asco!». La madre fue corriendo asustada y se encontró entre los juguetes que flotaban en el agua un «zurullo» enorme. Entonces, la madre, en voz alta y enfadada, dijo: «¡Daniel... ¿y esto?!». El niño cogió la mierda, la aplastó contra su cuerpo y respondió: «¡¡Mío!!».

Mª Nieves y Alberto, 8 y 5 años

Pensando que nadie les oía, Alberto preguntó: «¿Dónde está papá?». Su hermana Mª Nieves le contestó: «Pues no lo sé». Después de unos segundos dijo Alberto: «Se habrá muerto». Y contestó su hermana: «No, no... No se ha muerto; si no, estaría todo lleno de sangre».

Daniel, 3 años

Daniel es un niño muy travieso y no para. Un día comenzó a subir la escalera y su madre, ya cansada de pedirle que se estuviera quieto, le dio un azote en el culo. El niño se volvió muy serio y le dijo: «Si no se debe pegar a los niños, menos a los hijos».

Lola, 3 años

Lola estaba con su madre y con su tía en una tienda. La niña llevaba chupete y una mujer le dijo: «Tan grande y con chupete». Y le contestó Lola: «¿Me meto yo con lo que los mayores se meten en la boca?».

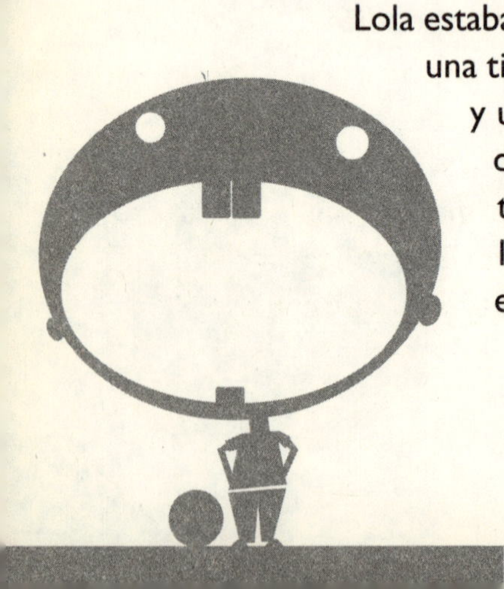

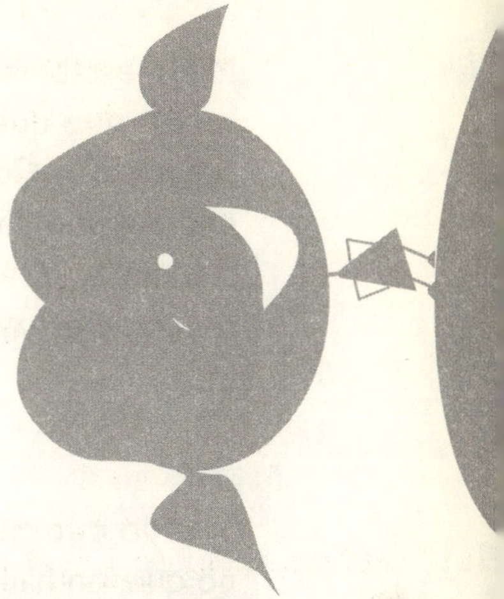

Juana, 5 años

Un día Juana intentaba ponerse las zapatillas sola, y le preguntó a su madre: «¿Ésta en qué pie va?». Su madre le contestó: «En éste». Y la niña dijo: «Vale. ¡El otro no me lo digas!».

Ana, 6 años

Un día Ana le dijo a su madre: «Mamá, mamá, me han enseñado en el colegio que Dios hizo el mundo en siete días: el primer día hizo la luz, el segundo el cielo...». Así fue relatando hasta el final. Cuando terminó, puso cara de asombro y dijo: «Anda, ¿y qué día hizo los semáforos?».

David, 2 años y 1 mes

Cuando iba a nacer su hermana, le dijeron a David que iba a tener una hermanita con la que podría jugar... Cuando nació, David fue a la clínica y, al verla en el cuco, preguntó: «¿Y con eso tengo que jugar?».

Mario, 4 años

Mario estaba hablando un día con su madre sobre lo que quería ser de mayor. Su madre le preguntó: «¿Cómo te gustaría trabajar: de pie, como tu tío Javi, o sentado, como Jordi?». Mario, viendo a su abuelo en el sofá, dijo: «Tumbado, como el yayo».

Marta, 5 años

Viendo que su hermana de 9 años y su amiga no querían hacer lo mismo que los demás (que era ver la salida de la vuelta al mundo de catamaranes), dijo: «Dejadlas, que están en la edad del pollo».

Martina, 4 años

Un día, hablando de su profesora Carmeta, dijo Martina: «Carmeta es tan buena, tan buena... Es como... Se parece... a una patata frita».

Oihane, 10 años

Un día estaba hablando de la muerte con su primo y dijo: «No te preocupes. La muerte es el precio que se paga por vivir, así que... ¿qué prefieres?».

Josu, 6 años

A Josu le gustan mucho los piratas y todo lo que los rodea. Un día su madre le pidió que se lavara los dientes, y él le contestó: «No, que me los estoy dejando de oro».

Jaume, 5 años

Jaume estaba harto de que lo confundieran con su hermano gemelo, así que un día le dijo a su madre: «Mamá, ¿por qué yo conozco a la gente pero a mí no me conoce nadie?».

Lucía, 4 años

Lucía estaba jugando sin descanso con sus tíos. Uno de ellos, ya exhausto en el sofá, le preguntó *(conversación en andalú):* «Lú, ¿no quiereh un Valium?». Ella se giró y le respondió: «Mejó un sumito» *(Mejor un zumito).*

Valentín, 7 años

Estaba el niño una mañana en el sofá viendo la tele y tocándose *sus partes*. Su madre lo vio y le dijo: «¡¡¡Valen!!! ¿Qué haces?». Y él respondió: «¡Disfrutando!».

Carlos, 6 años

Carlos estaba en una cafetería con sus padres. Se acercó un señor ya mayor que conocían y le dijo a Carlos: «Qué majete es este Carlos. Cuando te cases, me tienes que invitar a tu boda». Carlos se le quedó mirando fijamente y le dijo: «Eso no va a poder ser». El hombre le preguntó: «¿Por qué?». Y Carlos respondió: «Porque tú ya vas a estar muerto».

Celia, 3 años

Celia quería jugar con su primo a cuentos de princesas, pero él no quería ser príncipe, ni caballero, ni nada, así que ella muy enfadada le dijo: «Vale, sé tu mismo y abúrrete».

Clara, 3 años

Clara estaba con su madre en la entrada del cine. Era Navidad, estaba a tope de gente y su madre la llevaba de la mano. De repente la niña le dijo: «Mami, por favor, cógeme en brazos que aquí sólo veo piernas».

Daniela, 3 años y 6 meses

Daniela le preguntó a su tía: «¿Dios está en las nubes?». Su tía le contestó: «Sí, claro. Dios está en las nubes». Acto seguido le preguntó la niña: «¿Y cuándo va a bajar a conocerme?».

Iván, 5 años

Iván le preguntó a su abuela, que es muy creyente: «Abuela, ¿tú has visto a Dios?». La abuela respondió que sí, e Iván le preguntó: «¿Cómo? ¿En estatua o andando?».

Iván le preguntó un día a su madre: «Mamá, ¿por qué todos los del Barça tienen los dientes grandes?».

Leo, 5 años

Leo, un día que estaba muy enfadado porque su madre no le hacía caso, le dijo: «¡Yo nací de tu barriga, sé todo lo que piensas!».

Miguel, 3 años

En una ocasión, después de comprobar que en casa se hablaba a menudo de la Diputación por motivos profesionales, Miguel comentó en voz baja, susurrando, como si estuviera confesando un secreto: «Papá, ten mucho cuidado, porque la palabra Diputación tiene la palabra... puta...».

Luis María, 4 años

La madre de Luis le pidió: «¡No te vayas!». Y él exclamó: «¡No, si no me *vayo!*».

Y ésta es la definición de Luis de diarrea: «¡Mamiiiiiiiiii, ven, que he hecho una caca de pedo!».

Eloi, 5 años

A Eloi lo estaba cuidando una amiga de sus padres. Cuando iban hacia casa, ella le preguntó: «Eloi, ¿tienes frío?». Y él le contestó: «No tengo ni frío ni calor, estoy del tiempo».

Y esta frase es de Eloi cuando tenía 6 años: Era época de carnaval y bajó con su padre por las escaleras de su casa cuando se cruzaron con una vecina que bajaba la basura. La señora llevaba gafas, iba muy pintada y llevaba una bata de flores. Eloi, que iba disfrazado, se la quedó mirando y le preguntó: «¿Y tú de qué vas disfrazada?».

José, 8 años

Estando de viaje, José le preguntó a su padre: «Papá, ¿yo dónde me voy a morir?». Su padre le contestó: «Eso no lo sabemos, pero ¿por qué lo preguntas?». Y el niño respondió: «Para no ir nunca».

Alejandro, 7 años

La madre fue a recoger al colegio a Alejandro y él le contó que lo habían castigado. Cuando llegaron a casa, ella se lo dijo a su padre y él le preguntó: «Álex, ¿por qué te han castigado?». Y Álex contestó: «Mira, papá, ahora mismo estoy en una edad en la que el cerebro tiene que descansar para poder pensar y poder decirte por qué me han castigado».

Alejandro, 4 años

Alejandro aún no sabe leer, pero un día se fue solo al salón, cogió un ejemplar del *Quijote* que estaba en una estantería y se sentó en el suelo. Después de un rato su padre fue a ver qué estaba haciendo Alejandro porque estaba muy callado. El niño tenía el libro abierto y lo estaba mirando muy atentamente. De repente levantó la mirada y le dijo a su padre: «Oye, papá, ¿por dónde voy?».

Ángel, 4 años

Ángel estaba en el parque con su madre cuando vio que un señor estaba dando globos a los niños que estaban con él. Entonces, Ángel se le acercó y tímidamente le dijo: «¿Me da un globo a mí también?». El señor cogió uno cualquiera de la bolsa y se lo dio. Pero el niño protestó: «No. Ése, no. Lo quiero rosa». Su madre, entonces, le dijo: «¡Sí, hombre! ¿Y qué más?». Y Ángel contestó: «Pues, si puede ser... ¡dos!».

Roberto, 4 años

Cuando nació su hermana Sara, una amiga de Roberto fue a conocer a la niña, y él le dijo: «Ven, mira, puedes tocarla, que no muerde».

Teo, 3 años

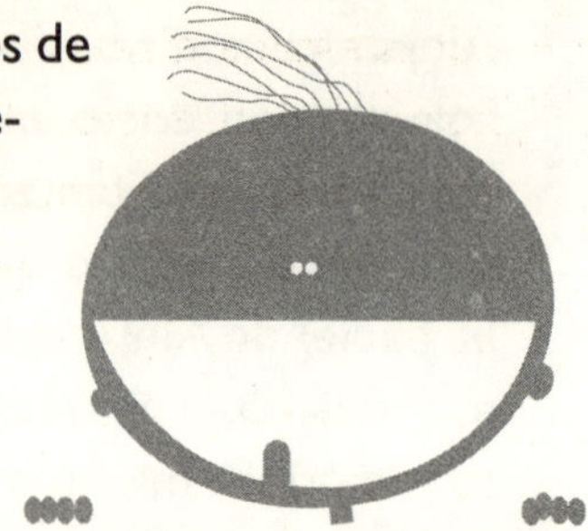

En casa de unos amigos de sus padres siempre tienen gominolas. Cuando van a verlos, su madre siempre le insiste: «Está muy feo eso de pedir, tienes que esperar a que te las ofrezcan». Así que Teo, un día, al llegar a casa de estos amigos, preguntó: «¿Me ofrecéis unas gominolas?».

Javier, 8 años

Un día Javier le preguntó a su madre: «Mamá, ¿las vacas están en peligro de extinción?». «No, claro que no», dijo su madre. Y Javier dijo: «Menos mal, con lo rica que está la leche...».

Juan, 4 años

La madre de Juan estaba bajándole el pantalón del pijama para ponerle el pañal cuando se encontró con toda la «pistola tiesa». Y el niño exclamó: «¡¿A que no te lo esperabas?!».

Lucas, 6 años

Lucas estaba distraído en clase, así que su profesora le preguntó: «Lucas, ¿por qué no estás atendiendo a la lección?». Lucas le contestó: «Porque se me va la olla sin mi permiso».

Lucía, 6 años

En un quiosco Lucía cogió una revista de Los Lunnis y la levantó mientras le gritaba a su madre: «¡Mamá! ¿Has cobrado ya?».

Kevin, 4 años

Kevin va todos los días al cole en autobús con su madre. Como ella lo lleva en brazos, le parece injusto pagar dos billetes, así que le dijo al niño: «Kevin, si te preguntan la edad, dices que tienes 3 años». Un día se encontraron con una vecina, que le preguntó a Kevin: «Guapo, ¿cuántos añitos tienes?». El niño miró a su madre y le dijo: «Mamá, ¿le digo la del autobús o la de verdad?».

Javier, 4 años

Javier estaba en el cementerio con su madre poniendo flores en la tumba de su abuelo. De repente se volvió hacia ella y le dijo: «Pero ¿en qué quedamos? ¿El abuelito está ahí dentro o en el cielo?».

Christian, 3 años

Christian había hecho una trastada y su madre le riñó: «Christian, ¿para qué tienes la cabeza?» y él contestó: «Para separar las dos orejas».

Bruno, 3 años

Bruno estaba en la bañera con su madre, que le iba preguntando por las partes del cuerpo para que el niño viera que se iba haciendo mayor: «¿Cómo tienes las orejas?». Él respondió: «Grandes». La madre siguió preguntando: «¿Y cómo tienes los brazos?». Bruno respondió de nuevo: «Grandes». Por último la madre le preguntó: «¿Y cómo tienes el pito?» y Bruno dijo: «A veces grande y a veces pequeño».

Roberto y Aída, 3 y 6 años

Los niños estaban en el hospital con su padre cuando sacaron en camilla a un señor muy mayor lleno de tubos, goteros... Roberto, al verlo, comentó a su padre: «Mira, papá, un muerto». Y su hermana dijo: «No está muerto, pero le falta poco».

Eva, 2 años

Eva estaba viendo en la tele un anuncio de un juguete, y entonces, se quedó mirando fijamente el televisor y exclamó: «¡Tele, dame uno!».

Sergio, 5 años

El año pasado, la noche de Reyes, la madre de Sergio le preguntó si quería dejar algo de comer a los Reyes y a los camellos. Sergio le contestó: «No, mamá. Si tienen hambre, que vayan al frigorífico».

José Antonio, 8 años

Los padres de José Antonio estaban comentando lo cansados que estaban por el negocio que tenían, que era una panadería, y José Antonio les dijo: «Pues vendéis el horno y os compráis un *cortinglés*».

Paula, 4 años

Paula fue con su madre a la peluquería, donde todo el mundo le hacía carantoñas. La peluquera le preguntó: «¿Cuándo cumpliste los 4 añitos?». La niña respondió muy seria: «Pues cuando se me acabaron los 3».

María José, 3 años

María José iba en el coche con su madre y escucharon ruidos de cohetes. La madre se extrañó: «Huy, ¿por qué tirarán cohetes?». Y dijo María José: «Estarán matando a Spiderman».

Paula, 4 años

Estaba Paula haciendo carreras con sus amigas. De repente se paró, se plantó delante de su madre con la mano en el pecho y le dijo: «Mami, mira qué deprisa me va el amor».

Isabel, 3 años y 10 meses

Le preguntaron a Isabel: «¿Qué quieres ser de mayor?». Ella respondió: «Mmmm... ¡Armario!».

Germán, 2 años y 6 meses

Germán fue con sus padres al Aquarium de Barcelona. En el tanque de los tiburones había dos submarinistas. Él se quedó mirándolos y dijo: «Mira, tan grandes ¡y con chupete!».

María, 5 años

María dejó una carta a su padre sin ningún motivo en especial en la que le escribía: «Eres el mejor papá del mundo. Te quiero mucho. Algunas veces te pasas con la sal, pero cada uno tenemos nuestras costumbres».

Lidia, 4 años

Lidia estaba con su madre en el garaje de casa. Se quedó mirando las columnas y preguntó: «Mamá, ¿dónde están las columnas que sujetan el cielo?». Su madre le contestó que el cielo no se sujetaba con nada, así que ella se quedó callada un momento y preguntó: «¿Ni con un poquito de celo?».

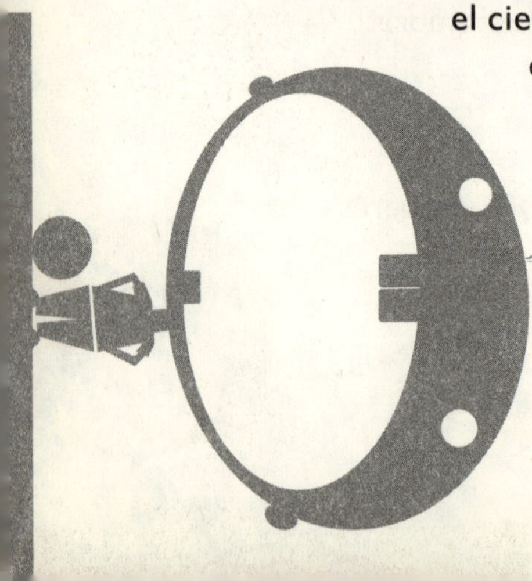

Óscar, 5 años

Óscar le preguntó un día a su madre: «Mamá, ¿qué es una prostituta?». Su madre le contestó: «Una prostituta es una mujer que vende su cuerpo». Y Óscar le dijo con cara de asombro: «¿Y qué hace con la cabeza?».

Silke, 4 años

La madre de Silke la regañó porque tenía una rabieta. Ella, tranquilamente, le dijo: «Mamá, yo soy así porque nací enfadada».

Nacho, 3 años

Un sábado Nacho se despertó a las ocho de la mañana. Su padre le pidió que se volviera a dormir, y el niño le dijo: «Es que... ¡¡¡Se me han acabado los sueños!!!».

Marc, 3 años

Un día Marc se estaba portando fatal: tenía todos los juguetes tirados por el suelo, había pegado a su hermano mayor, cuando su madre le iba a reñir él intentó darle una patada... Ella lo castigó y le dijo: «Piensa en todo lo que ha pasado». Al cabo de un rato Marc volvió y les dijo a su madre y a su hermano: «Ya he pensado: os perdono».

María, 4 años

La madre de María quería que la niña le repitiera algo que acababa de contar, pero ella no estaba por la labor, así que le dijo: «No me acuerdo». «¡Pero si lo acabas de decir!», respondió su madre. Y María contestó: «Es que no me he debido de escuchar».

Andrea, 3 años

Andrea, cuando va a hacer algo, lo dice en voz alta por toda la casa. Y cuando va al baño dice: «¡Voy a cagaaaar!». Un día sus padres le dijeron: «Tienes que decir voy a hacer de vientre». Y al día siguiente, la niña, desde la otra punta de la casa, dijo: «Mamááá, voy a hacer el vientre ése... y de paso... cago».

Lara, 4 años

En un momento de ternura el padre de Lara le dijo: «Hija mía, no crezcas nunca». Ella contestó: «Papá, yo no tengo la culpa: es la comida».

Pablo, 5 años

Pablo estaba un día hablando con su padre y le preguntó: «Papá, ¿con qué se escribe "huevo"? ¿Con G o con W?».

Miguel, 5 años

La tía de Miguel sufrió un aborto, así que la madre le explicó al niño que su tía había perdido el bebé. La tía de Miguel se quedó embarazada otra vez y, al darle la noticia, Miguel le dijo: «Ten cuidado a ver dónde lo dejas, no lo pierdas también».

Antonio, 4 años

El padre de Antonio dejó al niño en la guardería de un centro comercial. Cuando volvió a buscarlo, le preguntó: «¿Cómo te lo has pasado?». Y el niño respondió: «Bien, pero un niño que no era de color carne me ha empujado».

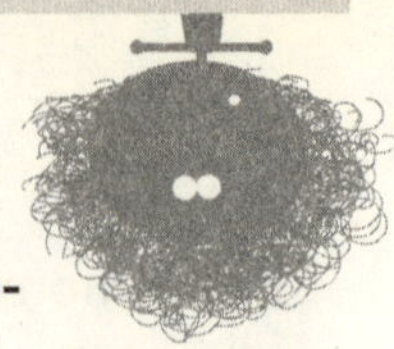

Sergio, 4 años

Los padres de Sergio estaban comiendo setas y le preguntaron al niño: «Sergio, ¿quieres probarlas?». Sergio respondió: «No, que les haré daño a los gnomos».

David, 8 años

David se acababa de levantar de la siesta, su madre le dio un abrazo y el niño le dijo a grito *pelao:* «¡¡¡Ay, quita, que me estás abollando!!!».

Himar, 3 años

Himar estaba en el baño intentando hacer caca. Su madre le preguntó si había acabado y él contestó: «Todavía no. La caca no sale. Está dormida».

Miguel, 7 años

Miguel preguntó a sus padres que qué quería decir «gay» y ellos le explicaron que eran dos chicos que se querían. Él siguió preguntando qué pasaba si eran chicas, que cómo se llamaban. Los padres le respondieron que entonces eran lesbianas. Un tiempo después Miguel comentó con su padre: «¿Sabes, papi? Si dos chicos se quieren, son gays y si dos chicas se quieren, son sevillanas».

Carlos, 7 años

Carlos acababa de trasladarse a vivir con sus padres a Inglaterra y no sabía apenas inglés. Su madre fue un día a recogerlo al colegio y una niña se despidió de él diciéndole: «Goodbye, Carlos». Su madre le preguntó: «¿Por qué no contestas?». Y Carlos le respondió: «No, si no me dice a mí. Aquí en Inglaterra todos me llaman *excuse me*».

Yago, 5 años

Un día su madre le preguntó qué quería ser de mayor y Yago dijo: «Yo, adulto».

Alexis, 4 años

Un día iba en el coche con sus padres. Al pasar por delante de un club de carretera, comentó el niño: «Seguro que ésa es una casa de señoras». Sus padres le preguntaron: «¿Por qué dices eso?». Y Alexis les contestó: «Como es de color rosa...».

Natalia, 3 años y 6 meses

A Natalia le enseñaron en el cole que los niños tenían pene, así que su madre en casa le preguntó: «Natalia, ¿qué tienen los niños?». Y ella respondió: «Pene». Su madre volvió a preguntar: «¿Y las niñas?». Y contestó Natalia: «Pena».

Álex, 5 años

Álex estaba dibujando y su madre le preguntó: «¿Qué haces, Álex?». El niño le respondió: «Estoy dibujando un agujero». «¿Cómo puede ser un agujero si es alargado y con brazos?», le preguntó su madre. Álex contestó con aire de suficiencia: «Un agujero es un señor que hace agujas».

Tatiana, 4 años

Tatiana estaba muy enfadada, así que buscó a su madre para chivarse de su hermana: «Mami, dile a mi hermana que cuando yo no quiera que no me lea la mente».

Carola, 3 años

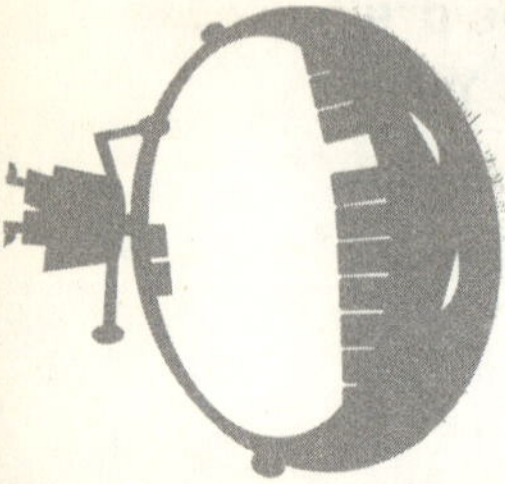

Carola estaba con sus padres en una tienda de juguetes. Lo quería todo, así que llegó con dos juguetes para que se los compraran y su padre le dijo: «Carola, habíamos prometido sólo una cosita». Carola le contestó: «Da igual, papi, prometemos ahora dos cosas y no pasa nada».

Marcos, 2 años y 6 meses

Después de reñirle su madre, Marcos buscó a su padre y le dijo: «Mamá está enfadada. ¿Compramos otra?».

Claudio y Andreas, 5 años

Un día le preguntaron muy seriamente a su padre: «Papá, ¿qué duele más? ¿Las *guantás* o las hostias?».

Mario, 2 años y 10 meses

Le dijo su tía un día: «Para merendar te voy a dar... A ver, te doy pistas: empieza por *ja* y termina por *món*». Y Mario exclamó: «Ya lo sé: ¡aaalMÓNdigas!».

Moisés, 3 años

A Moisés le cuesta pronunciar algunas palabras. Un día le dijo a su padre: «Quiero un yogur de *pfreza*». Su padre le dijo: «Si no lo pronuncias bien, no te lo doy». Y él contestó: «Pues entonces lo quiero de plátano».

Carola, 3 años

Carola observó que la caja del jarabe para la tos tenía unos puntitos abultados y le preguntó a su padre: «¿Para qué sirven?». Su padre le respondió: «Son para que los ciegos puedan leer lo que pone con los dedos». A los pocos días su padre le preguntó a Carola: «¿Te acuerdas de para qué servían los puntitos?». Y dijo la niña: «Para que puedan leerlo todo los... ¿chinos?».

Miguel, 7 años

Miguel y su madre estaban en el coche y en la radio dieron una noticia sobre China. Miguel comentó: «En mi clase hay una niña china. ¿Por qué vive aquí y no en China?». Y su madre le respondió: «Porque sus padres vinieron a vivir aquí, igual que hay gente de aquí que vive en China». Miguel dijo: «Pues qué suerte tienen». «¿Y por qué?», le preguntó su madre. Y Miguel respondió: «¡Porque allí todo vale un euro!».

Nicolás, 3 años

En Nochevieja, después de dar las campanadas, la familia se estaba abrazando y deseando un feliz año y dijo Nicolás: «Ah, pero ¿ya os vais?».

Alejandro, 4 años

Alejandro preguntó a sus padres: «Mamá, si yo soy pequeño y tengo miedo por la noche y vosotros sois mayores y no tenéis miedo, ¿por qué yo tengo que dormir solo y vosotros dormís juntos?».

Iñaki, 4 años

La profesora de Iñaki pidió en clase que levantara la mano el que fuera diabético, porque iba a repartir chuches. Iñaki levantó la mano y dijo: «Mi padre es». La profesora respondió: «¿Ah, sí? ¿Y eso?». Y dijo Iñaki: «Es que es del Betis».

Milena, 3 años

El padre de Milena la estaba abrazando muy fuerte, y ella le dijo: «Papá, quiéreme despacito, que me duele la pierna».

Lucía, 6 años

Estaban cenando Lucía y su hermano Carlos y Lucía dijo: «Ese cacho de pizza es mío». «¿Tiene tu nombre?», preguntó Carlos. Y Lucía contestó: «No, pero tiene mi ADN».

Daniel, 4 años

Daniel estaba demostrándole a su madre que ya sabía deletrear palabras, como «veterinario», así que empezó a decir: «B, e, t». Su madre le corrigió: «No, Daniel, "b" no, "v"». Y el niño respondió: «¡Sí, hombre, *uveterinario* va a ser!».

Lucía, 4 años

Lucía iba de paseo con su tía y de repente se paró y le dijo: «Oye, ¿tú me estás cuidando?». Y su tía contestó: «Sí, claro». Y dijo Lucía: «Pues a ver si tienes más cuidado, que casi piso una mierda».

Sofía, 5 años

Un día su madre no tomó la comunión en misa y al salir de la iglesia Sofía le preguntó: «Mamá, ¿por qué hoy no te has tomado la pastilla que da silencio, la que tiene nombre de taco?».

Isaac, 4 años

Isaac iba corriendo, tropezó con su hermana y la tiró al suelo. Su madre le dijo: «Isaac, ¿qué le tienes que decir a tu hermana?». E Isaac respondió: «Que se aparte».

Lara, 3 años

Un día Lara estaba jugando con una muñeca y su tía le dijo: «Lara, ¡¡qué muñeca más bonita!! ¿Cómo se llama?». Y ella respondió: «No tiene nombre». Y su tía insistió: «¿Y por qué no le has puesto nombre?». Y Lara le dijo: «¿Para qué? La voy a llamar y no va a venir».

Paula, 6 años

Un día Paula dijo: «El dinero no es lo más importante; si no, naceríamos con dinero».

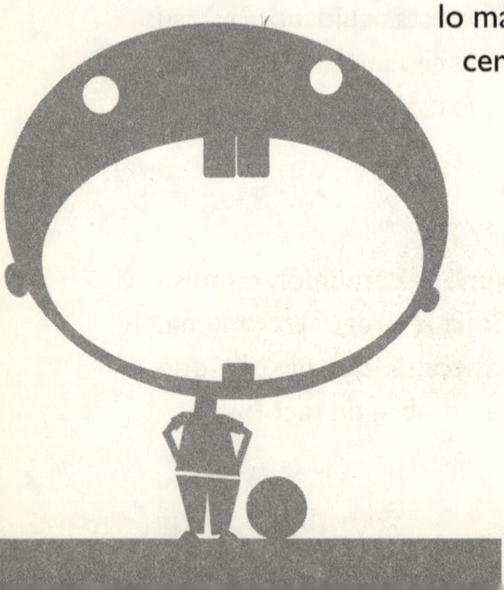

Santiago, 3 años

Santiago iba por la calle con su madre y le dijo: «Mamá, tengo frío en los ojos».

Adrián, 10 años

Un día estaban hablando en casa sobre lo peinados que salían siempre los vampiros en las películas y Adrián preguntó: «¿Cómo pueden ir los vampiros tan peinados si no se reflejan en los espejos?».

David, 4 años

En Nochebuena, cuando ya estaba agotado, David les dijo a sus padres: «Para gastar la vida en el sofá, me voy a la cama».

Aarón, 6 años

La hermana mayor de Aarón y su tía estaban hablando de la abuela, que había muerto hacía poco. La tía dijo: «¡Ay!, pues tengo que llamar a tu padre». Y Aarón respondió: «No, si ya lo sabe, si murió en sus brazos».

Minerva, 3 años

Minerva estaba en la playa con sus padres y les preguntó: «Cuando hago caca, ¿a dónde va cuando tiro de la cadena?». Su padre le respondió: «Pues por la tubería». Y ella insistió: «Sí, pero ¿dónde?». Y su padre volvió a responder: «Pues al mar». Entonces dijo Minerva: «¿Al mar?... Ah, claro, y allí se convierte en marisco».

Marcos, 4 años

Un día a Marcos le enseñaron una foto de la comunión de su primo en la que salía el primo, los padres de Marcos y un obispo. Y le preguntaron: «¿Quiénes son los de la foto?». Marcos dijo: «Pues el primo José, Apá, Amá...». Y cuando vio al obispo dijo: «Y el tío disfrazado de Batman».

Joan, 3 años

Una noche de Semana Santa Joan se asomó al balcón y vio pasar una procesión en riguroso silencio que transportaba una imagen rodeada de velas encendidas. Se quedó un momento mirando la escena y empezó a cantar a grito *pelao* desde el balcón: «¡Cumpleaños feliz! ¡Cumpleaños feliz!».

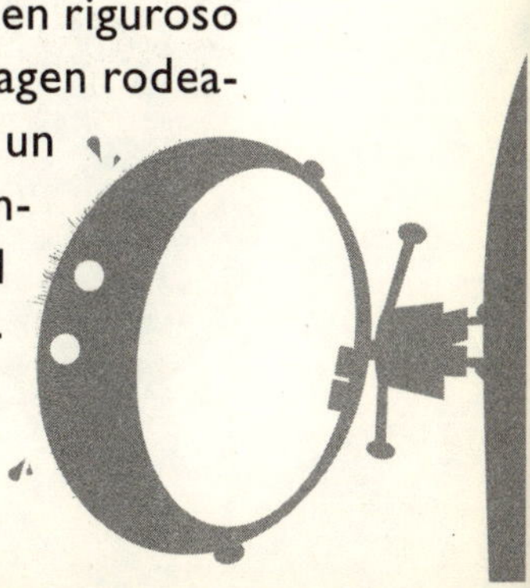

Pedro, 3 años

Cada vez que su madre le preguntaba que qué quería comer él decía: «Pollo». Y cuando se lo ponía, decía Pedro: «Esto no es lo que yo quiero». Un día en un restaurante le pusieron cordero y Pedro le dijo a su madre: «Mamá, éste es el pollo que a mí me gusta».

Eva, 7 años

Eva estaba viendo los dibujos mientras desayunaba, pero se distraía con la tele y no comía nada. Su padre le dijo: «Eva, te voy a quitar la tele para que desayunes». Y Eva contestó: «Me da igual, pienso seguir imaginándomelo».

Miguel, 9 años

Un día volvió la hermana mayor de Miguel a casa con una bolsa de la compra en la que había, entre otras cosas, una caja de tampones. Miguel sacó uno de la caja, lo miró y le dijo a su hermana: «A ver, que yo me entere... Esto te lo metes por el culo, ¿y luego qué?».

Carmen, 5 años

Un día de mucho frío iba por la calle con su padre y dijo: «¡Qué morro tienen las lenguas que siempre están dentro de la boca!».

Lucía, 4 años

Un día entró con su madre en un bar a la hora de la merienda, se fue corriendo a la barra, se subió a una banqueta y pidió: «Un vaso de leche». Su madre le dijo: «Lucía, ¿y qué más se dice...?». Lucía exclamó: «¡... y galletas!». Su madre lo intentó otra vez: «A ver, Lucía, por...». Y la niña, con cara extrañada y ya un poco mosqueada, contestó: «Por... que sí, mamá, ¡porque sí!».

Hugo, 4 años

Hugo preguntó a su madre: «Mamá, ¿cómo salí de tu barriga?». Y su madre le respondió: «Pues primero salió la cabeza, después los hombros, luego el cuerpo y al final las piernas». Y dijo Hugo, asustado: «Mamá, ¿pero es que salí *destrozao*?».

Sofía, 2 años y 6 meses

Cuando la bañan, siempre llora mucho cuando le lavan el pelo y se le mojan los ojos. Un día que le lavaron el pelo y Sofía ni se inmutó, su hermana mayor se sorprendió: «Sofía, hoy no has llorado». Y Sofía dijo: «Los años...».

Teresa, 4 años

Teresa estaba vistiéndose sola y su abuela le dijo: «Ya eres una moza que se viste sola». Y ella le respondió: «Abuela, *Moza* era un músico, y está muerto».

Sofía, 2 años y 6 meses

Un día que Sofía iba de camino a la guardería con su padre, vio bajarse de un coche a un hombre negro, y comentó: «Mira, papá, un rey».

Daniel, 5 años

La madre de Daniel, tras el parto de su segundo hijo, tenía problemas con los puntos, así que el médico le recomendó que utilizara el secador para que cicatrizaran antes. Un día llamaron por teléfono y lo cogió Daniel. Cuando le preguntaron por su madre, Daniel respondió: «Mamá no se puede poner, que se está secando la vagina con el secador».

Víctor, 4 años

Un vecino de Víctor no paraba de hacerle un montón de preguntas. Al final, ya harto, el niño le dijo: «¿Sabes una cosa? Que he pensado que ya no voy a hablar más contigo. Eres un cansino».

Álex, 5 años

Un día en el colegio la profesora le preguntó a Álex: «¿Tú qué quieres ser de mayor?». Y Álex respondió: «Quiero ser de algo que no se sude».

Alba, 7 años

El padre de Alba la llevó a casa un día y dejó el coche mal aparcado, y la niña le preguntó: «¿Por qué no aparcas bien el coche?». El padre le respondió: «Porque te subo a casa y me voy corriendo al gimnasio». Alba siguió preguntando: «¿Y qué es lo que vas a hacer allí?». «Pues bíceps y pecho», contestó su padre. Y dijo la niña: «¿Y por qué no te vas andando y así haces un poquito de piernas?».

Daniel, 3 años

Daniel siempre desayuna leche y pan con chóped. Un día estaba mirando cómo su madre daba de mamar a su hermano Alejandro. Muy intrigado, señaló el pecho por el que mamaba su hermano y preguntó: «Mamá, ¿qué sale por ahí?». «Lechita», contestó su madre y, muy serio, Daniel dijo: «Ah, y por el otro sale chóped».

Daniel, 4 años

Daniel estaba con su padre en el Museo de Ciencias Naturales. El padre le estaba explicando los distintos tipos de roca: «Éstas son sedimentarias, éstas son volcánicas...». Entonces, Daniel se acercó a un trozo de cuarzo enorme, del tamaño de su cuerpo, y dijo: «Y esto es lo que yo llamo una piedra gorda».

Eva, 6 años

Eva decidió elaborar una lista de las cosas que tenía que hacer ese día. En el papel escribió: Comprar mantequilla, disfrutar, ver mundo y ser feliz.

María, 6 años

María iba por la calle con sus padres. Cuando iban a cruzar por un paso de peatones, el guardia de tráfico los mandó pasar después de tocar el silbato y María dijo: «Qué majo el árbitro que nos deja pasar».

Jorge, 3 años

Un domingo, de camino a casa de sus abuelos, compraron unos pasteles. Al llegar, Jorge le dijo a su abuela: «Mira, abuela, qué pasteles tan buenos que te hemos comprado para mí».

Jaime, 7 años

El hermano pequeño de Jaime le dijo a su padre: «Papá, yo de mayor quiero ser frutero». Su padre le contestó: «Me parece muy bien, hijo, y, si yo puedo, te pongo una frutería». Y entonces Jaime dijo: «Oye, papá, y si yo quiero ser policía, ¿me pones una cárcel?».

Pepe, 7 años

Su madre estaba intentando que hiciera los deberes, pero Pepe no paraba de armar jaleo. Al final su madre se cansó: «Pepe, para de hacer ruido o te castigo». Y Pepe le dijo: «Pero, mamá, si luego te sientes fatal».

Irene, 4 años

Irene estaba mirando una hormiga muerta en el suelo y le comentó a su hermano David: «Mira, una hormiga matada». Su hermano le dijo: «No se dice matada, se dice muerta». Y entonces Irene pisó la hormiga y dijo: «Antes estaba muerta, ahora está matada».

Rubén, 7 años

Rubén estaba con su tía, que le estaba explicando: «En España tenemos un rey y una reina que se llaman Juan Carlos y Sofía y tienen tres hijos que...». De repente Rubén la interrumpió y le dijo: «Sí, ya sé cómo se llaman: Melchor, Gaspar y Baltasar».

Anira, 2 años y 10 meses

El padre de Anira estaba esperando a que ella se durmiera para apagarle la luz y se le escapó un pedo. La niña le preguntó: «¿Te has tirado un pedo?». Su padre le contestó: «No, hija, se me ha caído». Y Anira le dijo: «Pues yo ahora no te lo recojo, que estoy en la cama. Mañana cuando se haga de día ya lo recogeré».

Nuria, 8 años

Los padres de Nuria le estaban explicando a su hermana mayor lo que era Hacienda. Y Nuria preguntó: «Entonces, mamá, ¿Hacienda es como una ONG que no ayuda a los pobres?».

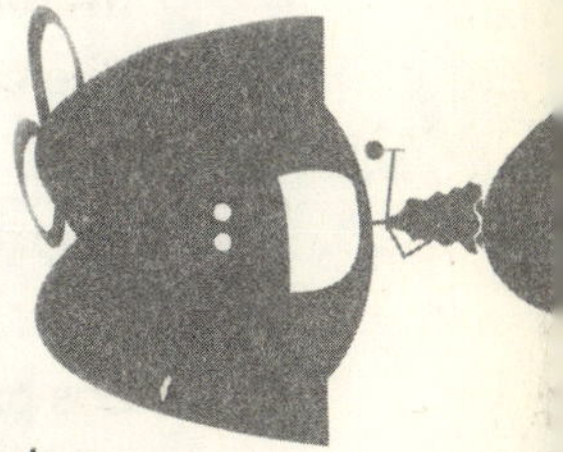

Sergio, 5 años

Sergio estaba en casa de su abuela, que se había comprado un reloj de pared nuevo, y le preguntó: «¿Abuela, me das ese reloj?». La abuela le contestó: «Cuando tu abuelo muera, te lo quedarás tú». Sergio se fue y a los diez minutos volvió y le preguntó a su abuela: «Abuela, ¿se ha muerto ya el abuelo?».

Maika, 5 años

Un día que Maika tenía diarrea, llamó a su madre y le dijo: «¡Mamá, mamá, que estoy cagando plano!».

Inés, 5 años

Los padres de Inés le estaban explicando a su hija lo que era la monarquía y quiénes eran los miembros de la familia real. Inés, curiosa, preguntó: «Pero ¿el rey no era Elvis?».

Ramón, 8 años

Ramón llegó de la catequesis y le dijo a su madre: «Mami, tienes que ayudarme a buscar una hormiga para matarla». «Pero ¿por qué quieres matar una hormiga, Ramón?», le preguntó su madre. Ramón le respondió: «Es que el cura ha dicho hoy que teníamos que hacer un pequeño sacrificio».

Carlota, 5 años

Los padres de Carlota se fueron a China de vacaciones, así que ella se quedó con su abuela. Cuando volvieron, lo primero que dijo Carlota nada más verlos fue: «Ahora tenéis que tener otro niño, y así, en el siguiente viaje, nos vamos los tres y el pequeño es el que se queda con la abuela».

Nerea, 6 años

Llegó la hora de cenar y Nerea aún no había hecho los deberes de matemáticas y su padre se enfadó: «¡Vale, pues no los hagas. A ver cómo le explicas mañana a tu profe que no has hecho los deberes!». Entonces, la niña se puso a hacerlos con toda la desgana del mundo. Su padre decidió ayudarla: «A ver, Nerea, ¿cuatro más tres?». Nerea le respondió: «Cinco». Y su padre continuó: «A ver, Nerea, si tienes cuatro y te doy tres, ¿qué tienes?». Y ella contestó: «¡Sueño!».

Irene, 3 años

El padre de Irene la iba a bañar cuando le dijo: «Irene, pregúntale a la mamá si tenemos que lavarte el pelo». Irene fue a preguntarle a su madre y al volver le dijo a su padre: «Mamá ha dicho que sí, pero yo he entendido que no, así que no tienes que lavarme el pelo».

Pepe, 4 años

El padre de Pepe iba a alquilar un chaqué para la boda de su cuñada. Pepe le preguntó: «¿Adónde vamos?». Su padre le contestó: «Vamos a alquilar un traje de pingüino para la boda de la tita...». Y dijo Pepe: «Pues yo voy a alquilar uno de león».

Álvaro, 9 años

Álvaro estaba triste porque lo acababa de dejar con su novia del cole. Ya en casa, fue a beber agua de una botella y le dijo su padre: «No bebas a morro. Utiliza un vaso». Y Álvaro le respondió: «¿Qué pasa, que la tristeza también se contagia?».

Marta, 3 años

Una noche, mientras todos dormían, Marta se acercó a la cama de su madre y le dijo: «Mamá, mamá, he hecho pipí, pero no he tirado de la cadena para no despertarte, ¿vale?».

David, 6 años

El padre de David decidió poner orden en casa: «David, ordena la habitación». El niño le contestó muy serio: «Tú no mandas, manda el alcalde».

Miguel, 5 años

Miguel fue con sus padres al hospital a conocer a su prima recién nacida. Allí todo el mundo lo agobiaba con frases como: «¡Dile algo a tu primita, dile algo a tu primita...!». El niño, al final, ya harto, dijo: «Pero ¿qué idioma habla esta niña?».

Alicia, 2 años y 6 meses

Alicia acompañó a su madre a la peluquería a depilarse las cejas. Cuando su madre estaba ya sentada y con la peluquera al lado, le preguntó Alicia: «Mamá, ¿qué te van a hacer?». «Me van a arreglar las cejas», le dijo su madre. Alicia puso cara de pena y preguntó: «¿Por qué, mamá? ¿Por qué? ¿Se te han roto?».

Diego, 5 años

Diego estaba viendo *El hormiguero* con sus padres. En la sección El Kiosco salió la revista *Playboy*. Diego preguntó: «Papá, nosotros no tenemos la *Playboy*, ¿verdad?». Y antes de que sus padres le pudieran contestar, Diego continuó merendando y, pasando de ellos, dijo: «¡Bah! ¡Qué va! Nosotros sólo tenemos la Playstation».

Zaida, 4 años

La madre de Zaida le estaba cortando las uñas. Entonces, la niña se la quedó mirando y dijo: «Jo, mamá, ahora ya no voy a poder sacarme los mocos».

Aída, 3 años

Aída tiene problemas para pronunciar la *erre*, así que un día le dijeron: «A ver, Aída, repite: *El perro de san Roque no tiene rabo porque Ramón Rodríguez se lo ha robado*». Y Aída dijo: «El chucho no tiene cola».

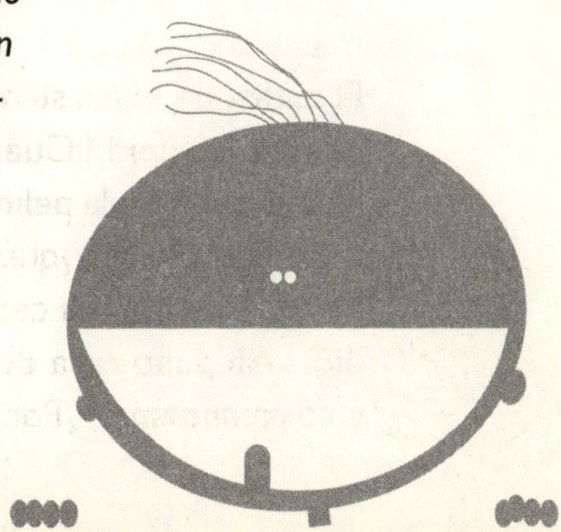

Claudia, 4 años

El padre de Claudia se agachó para atarle los zapatos, y la niña, al verle la coronilla sin pelo, exclamó alucinada: «¡Papito, tienes carne en la cabeza!».

Carlos, 7 años

A la hora de comer había macarrones con tomate frito. Carlos se quedó pensando y dijo: «Espera, mamá. Me voy a cambiar de ropa porque presiento una mancha».

Daniel, 5 años

Una noche no había forma de que Daniel se durmiera. Su madre se enfadó mucho y le riñó. Entonces él la miró a punto de llorar y le dijo: «Mamá, se está rompiendo el amor».

Manuel, 5 años

El padre de Manuel le acababa de comprar un batido, así que Manuel decidió hacerle una sugerencia: «Papá, luego me lo calientas en el *croondas*». El padre le contestó: «No se dice *croondas*, Manuel. Se dice microondas». Manuel le respondió: «Ah, vale, papá, pues luego me lo calientas en *tucroondas*».

Alejandro, 3 años

Alejandro se levantó una mañana, se bajó los pantalones y el calzoncillo hasta los tobillos y le dijo a su madre: «Mamá, mira qué gordísimo tengo el pito». Y su madre le dijo con mucho énfasis: «¡Hala, es verdad, hijo!». Y Alejandro le dijo: «Tranquila, mamá. Te aseguro que no explota».

Armando, 7 años

Un día en la playa Armando vio a un hombre en tanga y se le quedó mirando de arriba abajo, así que el hombre le preguntó: «¿Y tú qué miras?». Armando le contestó: «Usted es pobre, ¿no?».

Darío, 3 años

La madre de Darío sentó a su hijo encima de la pierna y empezó a moverla como si estuviera cabalgando mientras le cantaba: «¡Corre, corre, caballito!». El niño comenzó a protestar: «¡Ayyyyy!». La madre paró y le preguntó: «¿Qué pasa, Darío?». El niño la miró muy serio y le dijo: «¡Cuidado con los *kinder,* hombre!».

Roberto, 4 años

Un día Roberto volvió del cole y les dijo a sus padres: «Mi profe dice que soy siniestro». Sus padres, sorprendidos, le preguntaron: «¿Y por qué te ha dicho eso?». Y dijo Roberto: «Es que ha dicho que la mayoría de los niños de clase somos *siniestros* porque escribimos con ésta —*levanta la mano derecha*— y los otros son *absurdos* porque escriben con ésta —*levanta la mano izquierda*—».

Víctor, 3 años

Víctor estaba comiendo en un restaurante con sus padres y le preguntaron: «¿Te gusta la comida, Víctor?». Él se quedó un rato pensando antes de contestar: «A mí no me gusta pero... está bueno».

Nacho, 6 años

Una mañana, cuando su madre lo despertó para ir al cole, le dijo Nacho: «No quiero ir más al colegio. Bórrame». La madre le contestó: «Pero si ya no te puedo borrar, tienes que ir todos los días». Nacho, con cara de asombro, preguntó: «¿Es que me habéis apuntado con boli?».

Claudia, 7 años

Claudia está en una fase muy «presumidilla»: le gusta pintarse y ponerse las cremas de su madre. Un día salió un anuncio de una crema en la tele que decía: «Parecerás cinco años más joven», y Claudia se volvió asustada hacia su madre y le dijo: «Ay, mamá, por favor, no te compres ésa, que me quedo con 2 años».

Inés, 3 años

Inés iba en el coche con su padre, pero no hacía otra cosa que llorar y chillar. La niña llevaba su muñeca en brazos. El padre se hartó y le dijo: «Como sigas llorando y chillando, te tiro la muñeca por la ventana, que ya me tienes harto». Inés entonces le dijo: «Uhmm, me parece que estás un poco chulito, ¿no?».

Clara, 4 años

Era Navidad y Clara estaba paseando con su tía. Se pararon delante de un belén y Clara comentó: «Tía, ¿sabes que Jesús es nuestro padre?». Después se quedó un poco pensativa y añadió: «Y san José, el tío, porque, si no, a ver qué pinta en el portal».

Núria, 6 años

Núria tenía que tomarse una medicina pero no quería. Su madre, para convencerla, le dijo: «Mira, en el frasco pone que tenemos que esconderla de los niños, porque está tan buena que si no se la beberían toda». Núria se tomó la medicina y le dijo a su madre: «Mamá, tranquila, no hace falta que la escondas, que seguro que no me la voy a tomar».

Jaime, 5 años

Jaime visitó el Museo Sorolla de Madrid con el colegio y cuando volvió a casa les comentó a sus padres: «Sorolla pinta pero que muy bien... No se sale nada».

Gonzalo, 5 años

Gonzalo va a un colegio de monjas. Un día, después de bañarlo, le dijo a su madre: «Mamá, ahora tengo que rezar para pedir por papá, por mamá, por la hermana, por la salud y por Toys'R'Us».

María, 6 años

María estaba jugando con su hermana Lucía. De repente empezaron a discutir y tiraron algo al suelo. Entonces entró su madre en la habitación y preguntó: «¿Quién ha sido?». Lucía dijo: «Ha sido María». Y María contestó muy seria: «Y el *bolígrafo* determina que... ¡miente!».

Sara, 2 años y 6 meses

Un sábado por la noche Sara salió a cenar con sus padres y se les hizo más tarde de lo habitual. Sara estaba muy cansada, así que, de camino a casa, les dijo a sus padres: «Me parece que la cuna me está llamando».

José Luis, 5 años

Un día José Luis le preguntó a su madre: «Mamá, si como polen, ¿cagaré miel?».

Patricia, 7 años

A Patricia se le cayó una pestaña, se la puso encima de la mano a su madre y le dijo: «Pide un deseo y sopla. Si la pestaña se va, el deseo se cumple». La madre le contestó: «Vale. A ver, deseo... que Patricia me haga caso en todo». Entonces la madre sopló y la pestaña salió volando. Y Patricia le dijo: «Bueno, a veces no se cumplen, ¿eh?».

Andrea, 3 años

Andrea actuó en un baile con unas amigas y su padre fue a verla bailar. Cuando terminó, su padre le dijo: «Eras la más guapa bailando». Y Andrea le respondió: «Y tú eras el más guapo aplaudiendo».

Daniel, 4 años

La madre de Daniel acababa de volver del hospital tras dar a luz a su hermanita. Daniel le dijo a su madre: «Mamá, ¿puedo cogerla?». «Pues claro que sí», le respondió su madre. Daniel la cogió, la miró un rato detenidamente y dijo: «¡Mamá, está viva!».

Tomás, 6 años

Un día Tomás le preguntó a su madre: «Si quieres ser torero, ¿el toro hay que llevarlo o te lo dan allí?».

Andrés, 6 años

Una tía de Andrés se quejaba de dolor e hinchazón en un brazo, y Andrés le dijo: «No te preocupes y no te quejes tanto... que a mi abuelo muchas veces se le hinchan los huevos».

Marta, 4 años

Marta había oído hablar a su hermano mayor de que el hombre venía del mono, así que le preguntó a su madre: «Tú, mamá, cuando eras mono... ¿ya llevabas gafas?».

Alejandro, 3 años

Alejandro fue una tarde con su madre a un todo a cien a comprar una hucha y había sólo dos modelos. Su madre los sujetó delante de él y le preguntó: «A ver, Alejandro, ¿cuál te gusta más?». Y Alejandro respondió: «¿Cuál tiene dinero?».

Ignacio, 4 años

Ignacio estaba viendo la televisión con su madre cuando salió un periodista haciendo unas preguntas a la duquesa de Alba. Y dijo Ignacio: «Mamá, ¿por qué habla tan raro la abuela de Bisbal?».

Bernat, 8 años

El abuelo de Bernat entró en el aseo y dejó la puerta entreabierta, se quitó la dentadura y la dejó sobre el lavabo. Entonces Bernat pasó por allí y al ver aquello fue corriendo y le dijo a su madre en voz baja: «Mamá, el yayo se ha dejado un trozo de mortadela en el lavabo».

Eugenio, 6 años

Eugenio estaba en el hospital con su padre cuando leyó: «CAPILLA». Y su padre le preguntó: «¿Sabes lo que significa?». Y Eugenio le respondió: «Sí, donde venden las entradas».

Melisa, 5 años

Melisa iba en el coche con sus padres y le dijo a su madre: «Mamá, ponme música». Su madre le respondió: «No, que me duele la cabeza». Y entonces dijo Melisa: «Pues pónmela tú, papá, que a ti no te duele».

Jairo, 3 años

Un día dijo Jairo: «Cuando sea mayor, si tengo bigote, me llamaré Paco».

José Luis, 5 años

Un día José Luis le preguntó a su madre: «Mamá, ¿por qué las vacas tienen las tetas entre las piernas y no entre los brazos?».

María, 6 años

El padre de María estaba hablando con ella y con su hermano sobre los animales racionales: «Los seres humanos son animales que tienen la particularidad de hablar y de razonar». Entonces María comentó: «Y también tienen la particularidad de peinarse».

Diego, 3 años

Diego estaba con su madre en casa de su tía, que se acababa de duchar y salió del baño en tanga. El niño, al verla, le dijo a su madre: «Mami, la tía tiene el culo gordo, no le cabe en las bragas».

Raúl, 6 años

Raúl se cayó y se dio con una piedra en la frente. Su madre se lo llevó al hospital y, mientras lo cosían, Raúl le dijo al médico: «¿No le da vergüenza lo que está haciendo? Que me cosa mi madre, que ella sabe coser».

Juanes, 4 años

Juanes estaba con su hermano mayor en el parque. Allí se subió al tobogán y se tiró de cabeza. Al caer se arrastró sobre las piedras del suelo y, cuando se levantó, dijo: «Huy, este tobogán va muy rápido».

Perla, 6 años

Perla estaba con sus padres en Port Aventura. En una atracción había altura límite, así que el señor de la atracción le dijo a Perla: «No puedes subir porque eres una niña» y Perla le contestó: «No soy una niña, soy una mujer con problemas de crecimiento».

Alan, 2 años y 6 meses

Alan iba con su madre en el metro de Barcelona cuando subió un chico negro. Alan miró a su madre y le dijo emocionado: «Mira, mamá, ¿quién es?». Su madre le contestó: «No sé, Alan». Pero él insistió: «Que sí, mamá, ¿quién es?». Alan, al ver que su madre no contestaba, le dijo gritando: «¡¡¡Mamá!!! ¡¡¡Eto'o!!!».

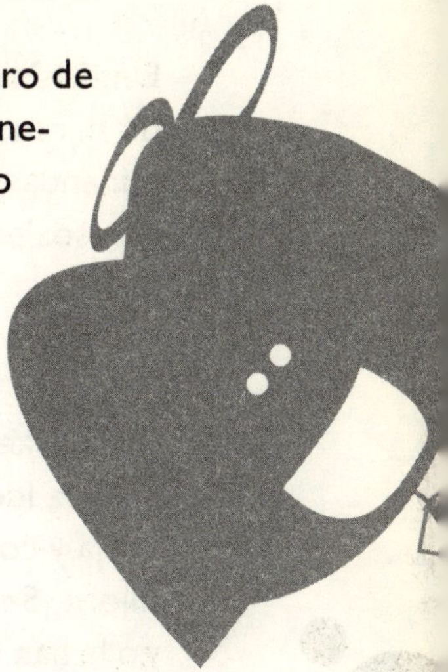

Tirso, 3 años

Tirso tenía fiebre muy alta, así que lo llevaron a urgencias. Allí le hicieron muchas pruebas; entre ellas, un análisis de orina. Cuando Tirso acabó de hacer pis en el bote, miró al médico y le dijo: «Yo esto no me lo bebo».

Javier, 4 años

Javier y su abuela fueron a misa el Domingo de Ramos. Como se le hacía muy larga, quería irse, pero su abuela le pidió: «Espera un poquito, Javier». Cuando pasaron el cepillo, su abuela dejó dinero, y Javier le dijo: «Vale, ya hemos pagado. ¿Podemos irnos?».

Nicolás, 3 años

Un día Nico vio a su padre desnudo. Se le quedó mirando extrañado y, señalándole las partes pudendas, le dijo: «Papá, ¿dónde te has comprado esos pelos?».

Iker, 4 años

Estaba Iker de excursión en una granja-escuela y vio la identificación que tienen las vacas en la oreja y corriendo se fue hacia su profesora y le dijo: «¡¡Seño, seño, que han comprado la vaca y no le han quitado la etiqueta!!».

Patricia, 2 años y 6 meses

Su madre le estaba riñendo y Patricia le dijo: «Ahora mismo me voy de casa». Su madre le contestó: «¡¡Pues ahí tienes la puerta!!». La niña se quedó parada y dijo: «Mejor me voy a la terraza...».

Vicent, 4 años

El otro día a Vicent le compraron unos pantalones y le venían grandes. Su madre le dijo: «Vicent, vamos a ir a que el zapatero te ponga un botón más en el pantalón y te los arregle». Vicent preguntó: «¿En serio, mamá?». Su madre dijo: «Sí, claro». Y Vicent contestó: «¿En serio, mamá? ¿Zapatero? ¿El de la tele me va a arreglar los pantalones?».

Nuria, 4 años

Nuria estaba contenta porque, por fin, había conseguido llegar al interruptor de la luz. Un día iba descalza y, cuando fue a encender la luz, vio que no llegaba. Corriendo, fue desesperada al salón y dijo: «¡¡¡Mamá, estoy creciendo para abajo!!!».

Pablo, 7 años

Iba en el coche con su padre y estaba lloviendo a cántaros. Entonces vieron un perro callejero en mitad de la calle mojándose pero que no se movía y le dijo el padre de Pablo a su hijo: «¿Has visto ese perro que se está mojando y no se refugia, ahí en mitad de la calle?». Y Pablo respondió: «Eso es que el perro piensa: "Qué asco de vida, me quedo en mitad de la calle a ver si pasa algún coche y me atropella"».

Héctor, 4 años

Un día Héctor se tiró un pedo y se puso la mano en el culo, y su madre le preguntó: «Héctor, ¿por qué te pones la mano en el culo?». El niño respondió: «Si cuando me tiro un eructo me pongo la mano en la boca, cuando me tiro un pedo me pongo la mano en el culo».

Pablo, 7 años

Estaba Pablo jugando con sus soldados, y de repente, entre sus comentarios, se escuchó: «A ver, aquí voy a colocar la bandera germana». Y su madre asombrada le dijo: «Pablo, ¿tú sabes de dónde es la bandera germana?». El niño, sin dudarlo un instante, contestó: «Pues, claro, mamá, la bandera germana es la bandera de los gérmenes».

Baires, 5 años

Su padre estaba preparando la merienda en la cocina a Baires y ella estaba jugando en el salón. Su padre le gritó desde la cocina: «Baires, ¿de qué quieres el bocadillo?». Después de un silencio Baires dijo: «Hoy pónmelo de marihuana».

Rosana, 3 años

Su madre le estaba leyendo un cuento por la noche, se tuvo que levantar un momento y dejó el libro abierto sobre la cama. Como el libro era un poco gordo, se empezaron a pasar las páginas solas y Rosana llamó a su madre preocupada: «¡Mamá, ven, que el libro se está rebobinando!».

Natalia, 4 años

Estaba escribiendo la carta a los Reyes Magos con ayuda de su hermana y dijo que ella quería unas gafas de rampa. Sorprendidos y preocupados por que los Reyes le trajeran exactamente lo que había pedido, sus padres le preguntaron que qué era eso de unas gafas de rampa, pero Natalia no supo explicarlo. A los pocos días fue su abuela a casa… ella corrió a quitarle las gafas de aumento, se las puso, fue corriendo a sus padres y les dijo: «Esto es lo que yo quiero… Unas gafas que te las pones, y el suelo hace rampa».

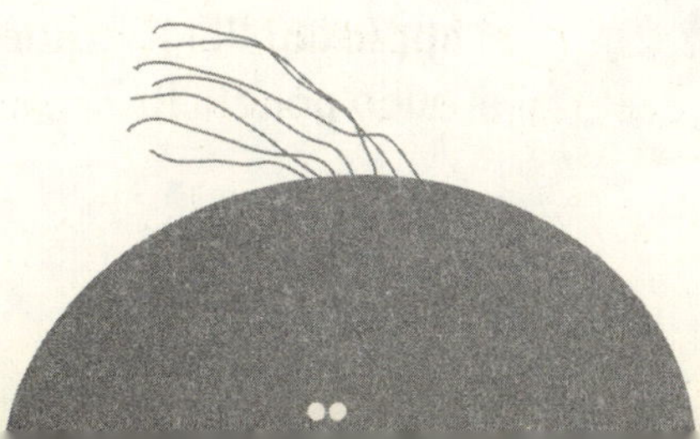

Ismael, 4 años

Un día Ismael, al salir de la ducha, abrió los brazos y dijo: «¡Mamá, mira cómo brillo!».

Marcos, 5 años

Marcos le preguntó a su madre que qué era lo que le colgaba entre las piernas y su madre le dijo que eran los testículos, a lo que Marcos respondió: «Mamá, ¿los *pestículos* sirven para andar mejor?».

Manuel, 3 años

En la escuela infantil a la que va Manuel también hay bebés. Un día estaba mirando cómo uno de 10 meses pasaba las páginas de un cuento mientras balbuceaba sin parar, y le dijo a su profesora: «No me gusta nada cuando lee en inglés».

Alberto, 3 años

En una excursión del colegio habían ido a un museo y allí se encontró con una escultura clásica y gritando dijo: «¡¡¡Vístete!!! ¡¡¡No puedes ir desnudo por ahí!!!».

Almar, 6 años

A Almar le encanta ver documentales sobre el espacio, los planetas, el cosmos, etcétera. Y un día le dijo a su padre: «En todos estos documentales hay un error...». «¿Ah, sí? Dime», le contestó su padre. Y Almar dijo: «Pues fíjate que en casi todos hablan de la velocidad de la luz pero... en ninguno dicen nada de la velocidad de la sombra».

Marina, 7 años

Un día su primo Óscar le contaba que él conocía a dos chicas que eran gays y Marina le dijo: «No se dice gays, se dice *colombianas*».

Alicia, 3 años

La niña estaba en casa de su abuela, que la estaba cuidando, y se encerró en una habitación. La abuela abrió la puerta y la niña dijo: «¡Abuela, cierra la puerta. Yo necesito mi intimidad!».

María, 5 años

Un día estaba con su madre viendo una peli en casa y en un momento dado salió una escena de sexo. María se quedó mirando la tele muy atenta y dijo: «Jolín, mami, pobrecito, el chico no hace más que empujar y ella no le deja sitio en la cama».

Aitana, 4 años

Estaban en una boda y coincidía que era el cumpleaños de Aitana. Los novios, que querían tener un detalle con la niña, hicieron que le sacaran una tarta, le pusieran la canción de cumpleaños feliz y todos los invitados la cantaran. Cuando acabó todo, Aitana se puso muy colorada y le dijo a su padre: «Qué bonito, papá... Pero yo no había invitado a tanta gente».

Manuel y Sara, 6 y 3 años

Un día iban Manuel y Sara con sus padres a echar la quiniela y el niño dijo: «Voy a hacer una quiniela de fútbol». Y Sara respondió: «Pues yo voy a hacer una de princesas...».

Blanca, 6 años

Blanca estaba hablando con su madre y salió el tema de Franco. La niña preguntó: «¿Quién era Franco?». Su madre le contestó: «Franco era un dictador». Blanca se quedó mirándola y le dijo: «¿Por qué? ¿Es que hacía muchos dictados?». Su madre la miró y le contestó: «No creo que hiciera ninguno». Y Blanca dijo: «Pues entonces estaría siempre castigado».

Cristina, 6 años

A Cristina le gusta mucho pintarse la cara como si fuese una chica mayor, y un día, cuando la niña se iba a la cama, su madre vio que iba toda pintada y le preguntó: «Cris, ¿por qué te pintas si te vas a la cama?». Y ella respondió: «Es que quiero estar guapa en mis sueños».

Santi, 6 años

Santi estaba hablando con su tío de que había ido con su abuela a una procesión de Semana Santa, y su tío le preguntó: «Santi, ¿y a qué santo han sacado?». El niño le contestó: «A ése de las barbas marrones que tiene unos calzoncillos blancos».

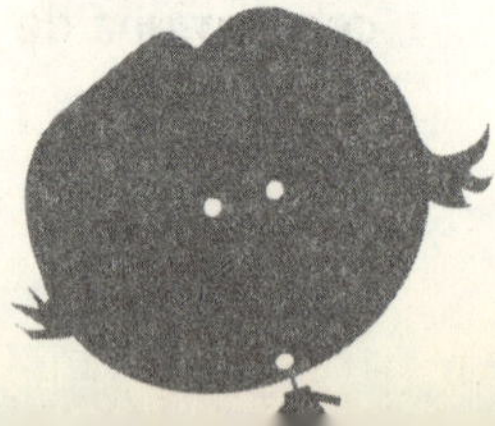

Julia, 3 años

Cuando a Julia le dijeron sus padres que iba a tener un hermanito, ella dijo: «Qué bien, pero ¿quiénes van a ser sus papás?».

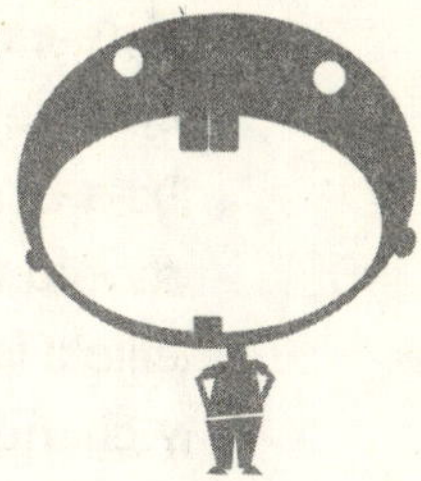

Blanca, 4 años

Un día, una niña, también con gafas, al ver a Blanca, le dijo a su abuela: «Mira qué linda, tan pequeña y con gafas». Y dirigiéndose a Blanca le dijo: «Guapa, ¿cuántas dioptrías tienes?». La abuela dijo: «¿Cómo va a saber de dioptrías una niña tan pequeña?». Y Blanca, muy seria, como ofendida, le contestó: «Claro que lo sé: tengo dos tíos y dos tías».

Sandra, 6 años

La madre de Sandra le había tirado a la basura un lápiz porque estaba ya viejo. La niña estaba un día buscando el lápiz, y le dijo a su madre: «Mamá, ¿dónde está mi lápiz?». Su madre le contestó: «Como era tan chiquitito, se te habrá perdido». Y Sandra le dijo: «Mamá, tú me lo has cogido...». Su madre le preguntó: «¿Por qué dices eso?». Y Sandra respondió: «¿Y tú por qué sabes que era chiquitito?».

Zoe, 6 años

Zoe estaba con su madre viendo una película en la tele, y en una escena un amigo le preguntaba a otro: «¿Cómo haces para tener un matrimonio tan perfecto?». El otro le contestó: «Pues elijo a la mujer más apropiada para la madriguera y cuando salgo procuro guardar la polla dentro de los pantalones». Entonces Zoe le preguntó a su madre: «¿Qué es un polla?». Y su madre le respondió: «Pues... la mamá del pollito». Y Zoe dijo: «¡¿Se guarda un pollito en los pantalones?!».

Joaquín, 6 años

Cuando su tía tuvo mellizas, Joaquín la llamó por teléfono y le dijo: «Hola, tita. ¿Ya han *nasío* los bebés?». Su tía le contestó: «Sí». Joaquín siguió preguntando: «¿Están ahí contigo?». «Sí», dijo su tía. Joaquín le dijo entonces: «Pues diles que se pongan, que quiero hablar con ellas».

Aneris, 4 años

Aneris iba a una logopeda que se llamaba Maribel y un día su madre le dijo: «Mañana le das recuerdos a Maribel». Aneris se fue a la cama y al día siguiente le dijo a su madre: «Mamá, ¿me has metido eso en la cartera?». «¿El qué, cariño?», comentó su madre. Y dijo Aneris: «Los recuerdos para Maribel».

Martina, 4 años

Su hermana mayor un día estaba contando cómo había descrito a su padre en el colegio: que era alto, deportista, fuerte... Y dijo Martina interrumpiendo a su hermana: «¡El papá es cabezón... y punto!».

Santiago, 3 años

Un día Santiago le tocó la cabeza a su abuelo que está calvo y le dijo: «Abuelo, ¿por qué no tienes pelo?». «Porque se me ha caído, Santi», le contestó su abuelo. Santi, mirando al suelo, le preguntó: «¿Dónde, abuelo, dónde?».

Alba, 5 años

Alba estaba con su padre en la cocina. Se iba a comer un yogur cuando su padre le dijo: «No te lo comas, Alba, que está caducado». Alba se quedó pensativa y dijo: «Todo caduca menos la ropa y nosotros».

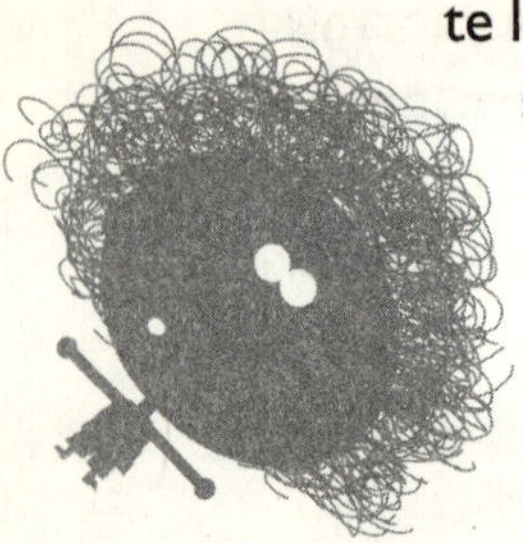

Héctor, 4 años

Un día su madre le dijo a Héctor: «Tú antes de nacer estabas en mi barriga». El niño comentó después de pensar un momento: «Pues seguro que no me gustaba estar ahí dentro». Su madre le preguntó: «¿Y eso cómo lo sabes?». Héctor le respondió: «Porque, si me hubiera gustado, me habría quedado y no habría salido».

Zaira, 3 años

Zaira se había comido el papel de un caramelo y le dijo su tío: «Zaira, no mastiques ei papel del caramelo». Zaira preguntó: «¿Por qué?». «Porque te mueres si te lo tragas», le dijo el tío. Y Zaira siguió preguntando: «¿Qué es morirse?». Su tío contestó: «Pues te duermes y no vienes más». Y Zaira dijo: «Muérete tú, tito, y así veo cómo es morirse».

Clara, 4 años

Después de ver un anuncio de una loción antigranos que acababa con la frase: «Tus granos desaparecen en tres días», Clara empezó a reírse y dijo muy convencida: «Sí, claro, y al cuarto día te vuelven a salir los granos».

Samuel, 3 años

Cuando le preguntaron sus padres que qué quería ser de mayor, Samuel dijo: «Pues como vosotros... ¡¡Una persona!!».

Yasmín, 3 años

Estaba Yasmín con su padre en casa y se metió un chicle en la boca rápidamente para que su padre no lo viera. Su padre vio que estaba masticando algo y le preguntó: «Yasmín, ¿qué es lo que tienes en la boca?».
Yasmín le respondió:
«Mmmmm... ¿En la boca? Los dientes».

Marcos, 4 años

Marcos salió a comer con sus padres y cuando acabó le entraron ganas de hacer caca, así que salió corriendo al servicio con su madre detrás y, cuando llegó, se paró delante de las tres puertas, mirando los símbolos (señoras, caballeros y minusválidos). Al ver que su madre iba a abrir el baño de señoras, señaló el de minusválidos y le dijo: «¡Mamá, que el de cagar es éste!».

Andreu, 6 años

Una vecina suya que es muy bajita le dijo un día: «¡¡Andreu!! ¡Qué mayor que te has hecho!». Y él le respondió: «¡Y tú qué pequeñita!».

Germán, 5 años

Estaba jugando en casa de su tío con un revólver de plástico y de repente le apeteció ponerse a pintar. Entonces le dijo a su tío: «Dame un folio en blanco o te mato, dame un folio en blanco o te mato». «Hombre, Germán, pídemelo por favor», le contestó su tío. Germán entonces le dijo: «Por favor, dame un folio en blanco o te mato».

Miguel Ángel, 5 años

Cuando nació su hermanito, los papás de Míguel Ángel le explicaron que iba a ir mucha gente a visitar al bebé. El niño se quedó convencido y callado, pasó la tarde con normalidad y por la noche se fue a dormir sin más. Al día siguiente se levantó, vio a su hermano en la cunita y comentó: «¿Todavía sigue éste aquí? Pues vaya».

Paula, 5 años

El otro día, mientras su madre la estaba arreglando para ir a ver a sus primos Dani y David, a los que no veía desde hacía mucho, Paula le comentó las ganas que tenía de verlos: «Mami, hace tanto tiempo que no veo a Dani y a David que ya no me acuerdo ni de cómo se llaman».

César, 6 años

Estaban César y su madre en la piscina y el niño le dijo: «Oye, cuando vengan mis amigos, te piras, ¿vale?».

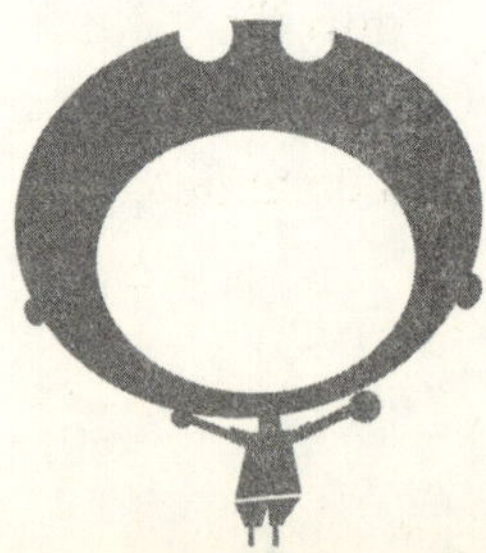

Víctor, 5 años

Víctor salió un día del cole muy entusiasmado, corriendo a ver a su madre, pero se cayó y se dio con toda la cara en el suelo, así que se hirió en la frente, la nariz y el mentón. Mientras su madre le curaba, él veía cómo se le levantaba la piel, y le dijo muy angustiado: «¡Mamá, me estoy deshaciendo...!».

Carlitos, 6 años

Carlitos tenía un conejito como mascota. Una noche, mientras cenaba con sus padres, la madre de Carlitos comentó que al día siguiente iban a comer conejo con arroz. Por la mañana su madre fue al dormitorio de Carlitos para despertarlo y vio que no estaba en su cama. Lo buscó por toda la casa y al final lo encontró en el jardín detrás de unas plantas con el conejo en brazos. Al ver a su madre dijo Carlitos: «Mamá, no nos vamos a comer a un amigo, ¿no?».

León, 6 años

En pleno agosto, con un calor de muerte, iba León con sus padres por el centro de Madrid, y señalando los aparatos de aire acondicionado dijo: «Hay que ver lo tonta que es la gente. Con el calor que hace y ponen los ventiladores apuntando a la calle».

Amaia, 6 años

Llegó un día a casa del cole con un ataque de pedetes, y le preguntó su madre: «Pero, Amaia, ¿qué te pasa hoy?». Amaia le respondió: «Es que tengo alergia».

Mar, 7 años

Mar estaba viendo la tele cuando dieron una noticia relacionada con un predicador que afirmaba que era el enviado de Dios. Entonces se fue corriendo a la cocina y le dijo a su madre: «Mamá, mamá... ¡¡¡que ya se sabe quién es Dios...!!!».

Juan Manuel, 5 años

A Juan Manuel le encantaban los coches, así que un día le dijo a su madre: «Mami, cuando uno se va al cielo, ¿dónde aparca el coche?».

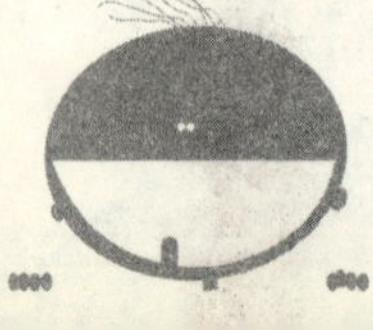

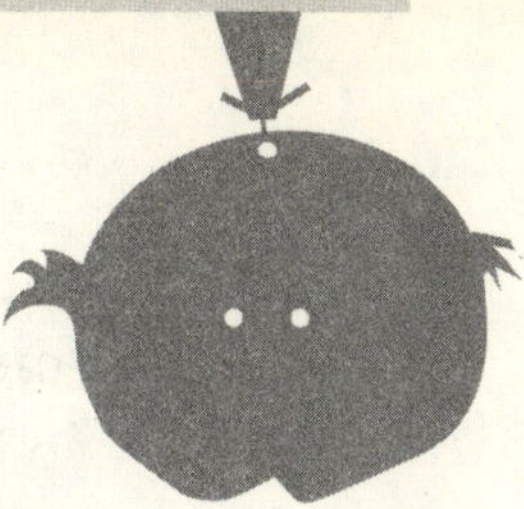

Selene, 3 años

Un fin de semana se levantó a la hora habitual de ir al cole y fue a la habitación de sus padres. Su madre le pidió que volviera a acostarse porque era muy pronto, pero ella contestó: «Es que en mi habitación ya es muy tarde».

Carla, 3 años y 6 meses

El día antes del cumpleaños de su madre su padre le había dicho que le iban a regalar una camiseta, pero que era una sorpresa, que no le dijera nada. Esa noche fueron a casa unos familiares y le dijeron a la madre: «¡Bueno, felicidades para mañana, que es tu cumpleaños!». Carla saltó de pronto: «Le vamos a regalar una camiseta». Y dijo su padre: «Pero, Carla, era una sorpresa para mañana». Carla dijo: «¡Es que cuando se lo he dicho yo me he sorprendido!».

Marc, 5 años

El otro día Marc volvió de la piscina y le dijo a su madre: «El monitor me ha tirado al agua, me hundí y pensaba que estaba en el cielo... y ¡¡¡mamá, estaba vivo!!!».

Javier, 8 años

Su madre había dado a luz y cuando Javier vio al bebé en casa dijo: «Y éste ¿se queda con nosotros?».

Elisa, 6 años

La madre de Elisa volvía de la calle, así que fue a dar un beso a su hija, que se quedó mirando a su madre y le dijo: «Mamá, hueles a frío».

Marcos, 4 años

Marcos estaba aprendiendo a leer, así que intentaba leer todo lo que veía. Mientras estaba de visita en un pueblo, Marcos, sus padres y sus tíos entraron en una iglesia. Marcos se quedó extrañado mirando la cruz y le dijo a su tía: «Esta iglesia debe de ser inglesa». Su tía le preguntó: «¿Por qué, Marcos?». Marcos le respondió: «¡Porque ahí pone I.N.R.I. y no lo entiendo!».

Sarah, 5 años

Sarah estaba viendo el final de la película *ET*. Cuando llegó la escena en la que se despiden ET y Elliot, Sarah le dijo a su padre frotándose los ojos: «Joé, ¿por qué me salen lágrimas si yo no quiero?».

Víctor, 7 años

La madre de Víctor le había preparado para desayunar la leche y medio bocadillo, pero él quería tomarse sólo la leche. Su padre le dijo: «No puede ser. Necesitas energía durante todo el día, así que tienes que tomar algo más que la leche. O te comes el bocadillo o le echas cereales a la leche». Al terminar la charla le preguntó su padre: «A ver, Víctor, ¿cuál es la comida más importante del día?». Víctor respondió: «El bocadillo, papá. El bocadillo».

Constanza, 4 años

Constanza estaba en el supermercado con su madre. Cuando se acercaron al pasillo de los cereales, dijo la niña: «Mamá, somos pobres». Su madre le preguntó: «¿Por qué?». Y Constanza dijo: «Porque no tenemos Nesquik en casa».

Álvaro, 7 años

Hablando con su madre de su hermano pequeño, Andrés preguntó: «Cuando nació Andrés... ¿cómo sabíais que se llamaba Andrés?».

Lucía, 2 años y 6 meses

Los abuelos paternos de Lucía se llamaban Timoteo y Carmen. La niña estaba hablando con su madre, recordando los nombres de todos los tíos y los primos, pero ella no recordaba el nombre del abuelo, así que le preguntó a su madre: «¿Cómo se llama el amigo de la abuelita Carmen?».

Pablo, 4 años

Una noche la madre de Pablo llamó al niño a cenar y Pablo le contestó: «Voy a lavarme los dientes». Su madre le respondió: «Primero cenas y luego te lavas los dientes». Pablo, como es tan terco, se tuvo que lavar los dientes antes de cenar. Al terminar de comer su madre le dijo: «Ahora es cuando te tienes que lavar los dientes». Y Pablo preguntó: «¿Por qué, mamá? Si la comida estaba limpia».

Rubén, 6 años

Rubén se estaba tomando una Coca-Cola cuando le preguntó a su madre: «Mamá, ¿cómo se hace la Coca-Cola?». Su madre respondió: «Ése es el secreto mejor guardado...». Y Rubén dijo: «Vale, mamá, ¡no se lo diré a nadie!, pero ¿cómo se hace la Coca-Cola?».

Alejandro, 7 años

Sus padres iban a votar en las elecciones municipales, y Alejandro le preguntó a su padre: «Papá, ¿a quién vas a votar?». Su padre respondió: «Yo, a los comunistas». Alejandro se quedó mirándolo perplejo y dijo: «Pero ¿vas a seguir siendo mi padre?».

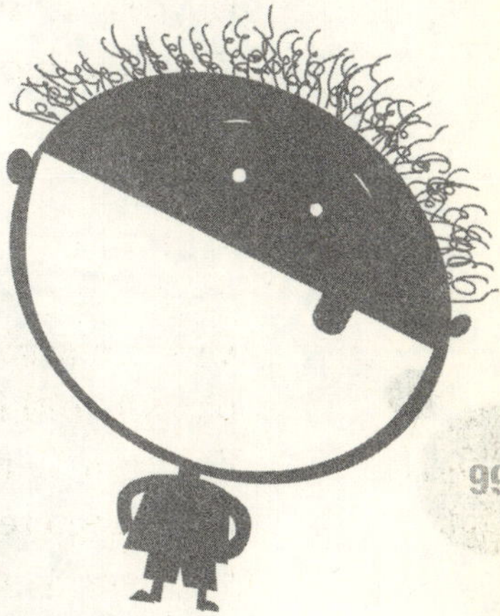

Patricia, 2 años

Llegó la madre de Patricia al baño y se encontró a la niña con las bragas bajadas y pegándose un Salvaslip. Y la madre le preguntó: «¿Qué haces?». Y ella contestó: «Mamá, me estoy poniendo un pañal de los tuyos».

Alaitz, 6 años

Alaitz estaba en la calle con su padre cuando pasó una sillita con unos trillizos dentro. Su padre le dijo: «Mira, esos tres son iguales. ¿Cómo se llama cuando pasa eso?». Alaitz le respondió: «Melchor, Gaspar y Baltasar».

Jairo, 3 años

La madre de Jairo fue un día a buscarlo al cole. El niño le dijo: «Mamá, ven que te digo una cosa en la oreja». «¿Qué?», le respondió la madre. Y dijo Jairo: «Cuando te peinas, estás más guapa».

Eugenio, 6 años

Eugenio estaba con su padre viendo su primer partido de fútbol en un estadio. No vio el gol de su equipo, y le preguntó a su padre: «Papi, ¿y la repetición?».

Álex, 7 años

Los padres de Álex estaban en casa de unos amigos. Se iban a marchar ya todos, pero Álex no quería aunque se caía de sueño. Sin embargo, no quería reconocerlo, y al final, después de insistirle mucho, dijo: «Vale, de acuerdo, tengo sueño, pero sólo en un ojo, ¿eh?».

Marcos, 3 años

Un verano fue a Terra Mítica, en Benidorm, con sus padres. Nada más entrar los recibió un grupo de soldados romanos, que rodearon al grupo de turistas que acababan de entrar en el parque apuntándolos con unas lanzas. Marcos preguntó muy serio a su padre: «Papá... ¿nos van a matar?».

Álex, 7 años

«Mamá, ¿qué haces para ganar dinero?», preguntó Álex. Su madre respondió: «Soy funcionaria». Y él dijo: «Ah! ¡Y yo que pensaba que eras trabajadora!».

David, 4 años

David estaba en su casa un día con sus padres y sus tíos. Estaban hablando de los toros y él escuchó que los mataban, así que después de un rato de reflexión dijo: «Tito Pedro, si matan a todos los toros, *toas* las vacas se van a quedar sin *marío*, ¿no?».

Álvaro, 3 años

Un día estaba tumbado en la cama con su madre cuando le preguntó, señalándole el sujetador: «Mamá, ¿qué es esto?». «El sujetador, hijo», respondió su madre. Álvaro siguió preguntando: «Y ¿para qué sirve?». Su madre volvió a responder: «Para sujetar las tetas». Álvaro se quedó pensando un momento y dijo: «Pues vaya tontería». «¿Y por qué?», le preguntó su madre. Y dijo Álvaro: «Pues porque las tetas las tienes pegadas».

Víctor, 4 años

Sus padres le dijeron que era muy importante lavarse bien los dientes varias veces al día, y un día Víctor apareció con la boca llena de agua delante de ellos, y su padre le dijo: «¡Víctor, trágate el agua, que lo vas a mojar todo!». Y cuando se tragó el agua, Víctor dijo: «Pero, papá, es para que se ahoguen los microbios».

Álex, 5 años

Un día le dijo su tía: «¿Cómo puede ser que no tengas novia con esos ojos negros, grandes y bonitos?». Y Álex respondió: «Es que cuando duermo los tengo de otro color». Su tía le preguntó: «¿Ah, sí? ¿Y de qué color?». Y Álex dijo: «¡Y yo qué sé! ¡Cuando duermo, tengo los ojos cerrados!».

Clara, 5 años

Se murió la abuela de una amiguita suya y cuando iban al entierro les preguntó a sus padres: «¿Adónde vais?». Entonces empezaron a explicárselo: «Verás, cariño, ¿te acuerdas de que el abuelito Luis se fue con los angelitos...?». Y sin dejarles acabar dijo Clara: «¡Ah, que se ha muerto!».

África, 3 años

Estaba abierta la ventana del baño en su casa, y la puerta daba golpes por el viento porque no estaba bien cerrada. África preguntó: «Mamá, ¿quién hace ruido con la puerta del baño?». «El viento», respondió su madre. Y África muy seria preguntó: «¿Está haciendo caca el viento?».

Un día caminando hacia el colegio África le pidió a su madre que la cogiera en brazos, pero su madre le dijo: «No, que pesas mucho». Y África le respondió: «Ya, pero es que ¡a mí me pesa mucho el suelo!».

Andrea, 3 años

Estaba en la cama recién bañada, su padre fue a darle un beso y Andrea le dijo: «No, que me quitas el bañao».

Águeda, 5 años

Una noche estaban sus padres en el salón viendo una película de Angelina Jolie y Antonio Banderas y apareció Águeda diciendo que no podía dormir y que la dejasen dormirse en el sofá. Sus padres accedieron y al rato su madre se fue un momento a la cocina. En ese instante Antonio Banderas empezó a besar y desnudar a Angelina Jolie, y su padre cambió de canal. Al volver, preguntó su madre: «¿Por qué has cambiado de cadena?». Y Águeda respondió: «Es que iban a hacer desnudaciones».

María, 3 años

Un día estaba paseando con su madre y vio unas flores amarillas muy bonitas en un jardín público, y le preguntó a su madre: «Mamá, ¿puedo coger una?». Su madre le dijo: «No, María. Esas flores las ha plantado allí el Ayuntamiento y no se pueden cortar». María se quedó pensativa un momento y dijo: «Pues el Ayuntamiento que las plante en su casa, mamá».

Pablo, 8 años

A Pablo se le había caído un diente y esperaba con mucha ilusión la llegada del ratoncito Perez. Él quería un juego de la Gameboy, así que dejó una nota explicando el juego que quería. A la mañana siguiente vio que el juego no estaba y en su lugar había una nota que decía: «Soy un ratón pobre y no tengo dinero para el juego de la Gameboy». Entonces Pablo rebuscó entre sus ahorros, juntó todo lo que tenía y por la noche dejó al ratoncito Pérez una carta que decía: «¿Hacemos un trato? Yo pongo diez euros y tú pones el resto».

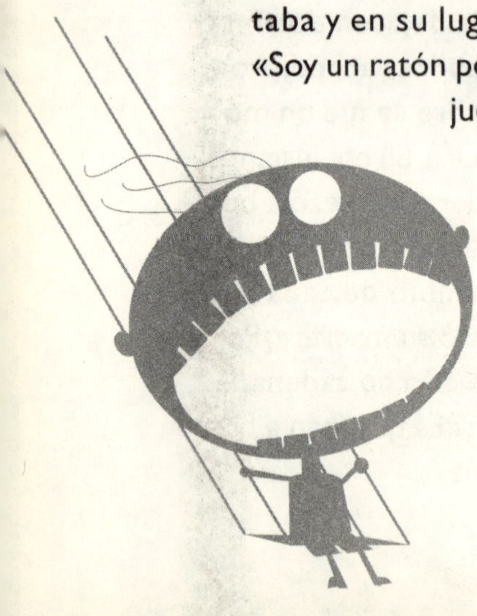

Pablo, 5 años

A Pablo le encanta la fruta, y un día un tío suyo le preguntó: «¿Cuál es la fruta que más te gusta?». Pablo empezó a enumerar: «La manzana, la naranja, el melocotón, el melón, la sandía, las cerezas...». «¿Y la que menos?», le preguntó su tío. Pablo se quedó pensando y dijo: «¡El queso roquefort!».

Pablo le dijo un día a su madre: «Mamá, ¿sabes cuál es mi mayor tercer deseo? ¡Comerme un melón entero!». «¿Y el primero y el segundo?», le preguntó su madre y Pablo le dijo: «¡Todavía no lo he pensado!».

Gabriel, 3 años

Gabriel estaba bañándose con su madre y le dijo: «Yo tengo pichurrina y tú tienes hierba».

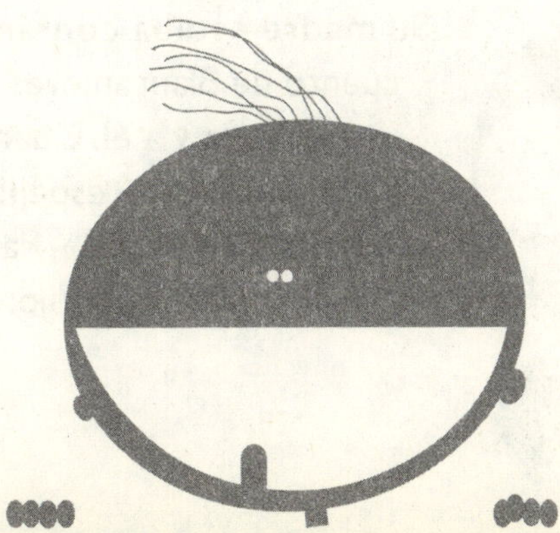

Noelia, 5 años

Hace unas semanas su madre estaba tranquilamente leyendo cuando, de repente, la niña entró donde estaba ella, la abrazó y la besó efusivamente. Su madre, sorprendida con este arrebato, le preguntó: «Y esto, ¿a qué venía?». Noelia, encogiéndose de hombros, dijo: «El amor es el amor».

Agostina, 5 años

Un día estaba paseando por el parque con su madre y no paraba de hablar de los patos que había en el lago, así que su madre le dijo: «Los patos son lindos porque se portan bien y hacen caso a su mamá y se comen toda la comida». Y Agostina dijo toda chula: «Pues, claro, son animales, no gente».

Pablo, 2 años y 6 meses

Su madre estaba contándoles el cuento de Blancanieves a su hermana Sofía y a él. Cuando llegó a lo de «Espejito, espejito, ¿quién es la más bonita...?», Pablo se lo pensó un momento y dijo: «Barbie».

Pedro, 4 años

Hace un par de meses decidieron hacerle al carné de identidad, que le llegó hace un par de semanas. Cuando su madre se lo enseñó a Pedro y le dijo que era su carné, él dijo: «Ay, qué bien, ahora ya puedo conducir».

Diego, 3 años

Estaba viendo el telediario con sus padres y salió una noticia de Marruecos en la que se veía andar a gente por la calle con sus chilabas y turbantes. Cuando Diego los vio, preguntó: «¿Por qué llevan una toalla en la cabeza? ¿Se han lavado el pelo?».

Laura, 5 años

Un día le preguntó a su madre: «Mamá, ¿qué es una peli porno?». La madre respondió: «Pues es una película guarra». Laura dijo: «¡Ah! Yo pensaba que era una película de sexo».

Marina, 2 años

Iba por la calle paseando con su madre cuando se cruzaron con unos albañiles. Marina se los quedó mirando y dijo: «Mira, mamá, este señor va lleno de azúcar».

Celeste, 4 años

Un día su padre le dijo: «¡Celeste, recoge la muñeca del suelo!». La niña no le hizo caso y al rato el padre le repitió: «¡Celeste, recoge la muñeca del suelo!». Y así tres o cuatro veces. La última vez que se lo pidió Celeste se levantó del sofá y le dijo a su padre: «¡Papá, no hace falta que llames a tantas Celestes! ¡Si sólo hay una!».

Pablo y Xavi, 7 y 6 años

Hicieron un dibujo de Supermán lleno de tiritas, y el padre les preguntó: «Pero si Supermán no puede tener heridas. ¿Qué le ha pasado?». Los niños exclamaron: «¡¡Llevaba puesto el pijama y se ha caído de la cama!!».

Vega, 3 años y 6 meses

Un día le dijo su padre, señalando un coche pequeño de color llamativo: «Mira, Vega, qué coche». Vega dijo emocionada: «¡Es el coche del príncipe Felipe!». Su padre le respondió: «No, hija, no. El príncipe seguro que tiene un coche más grande». Vega le preguntó: «¿Por qué?». Y su padre le respondió de nuevo: «Pues porque es rico». Y Vega dijo: «Ah, claro, y en ese coche no le entraría todo el dinero».

Unai, 3 años

Unai tiene un hermano de 10 meses que se llama Jon. Un día Unai le dijo a su madre: «Mamá, voy a construir una oficina en el jardín y papá, tú y yo vamos a ser los jefes». «¿Y Jon?», le preguntó su madre. Unai le respondió muy serio: «Pues Jon va a ser el que trabaje».

Daniel, 4 años

«Oye, ¿cómo me formasteis a mí? ¿Me dibujasteis en un papel y tú te lo tragaste para que creciera en tu tripita?», preguntó Daniel.

Un día dijo Daniel: «Cuando eres mayor, los pelos de la cabeza se caen a la barba».

Emma, 2 años

Un día le preguntó su madre: «Emma, ¿tú qué quieres ser de mayor?». Y ella contestó muy decidida: «¿Yo? Pequeña».

Un día le preguntó a su madre: «Mami, si el tito es negro y la tita es blanca, está claro que el primito será azul, ¿no?».

Adrián, 4 años

Adrián estaba esperando el autobús escolar y vio que los policías locales estaban multando un par de coches mal aparcados, y Adrián le preguntó a su madre por qué ponían tantas multas los policías. Giró la cabeza y en la parada había un póster anunciando el concierto de Shakira. Se dio la vuelta muy serio y le dijo a su madre: «Mamá, ya lo entiendo: están sacando dinero para que ésta venga a cantar a Torrevieja».

David, 3 años

Un día les dijo a sus padres: «Y vosotros, cuando yo tenga novia, ¿dónde vais a vivir?».

Sergio, 8 años

Sergio llamó a su padre por la noche desde su cama. El padre fue a la habitación de Sergio y le preguntó: «¿Qué quieres?». Y Sergio le respondió: «Ya que estás aquí tráeme un vaso de agua».

María, 3 años

María iba en Navidad paseando con sus padres por la calle. Se pararon en un escaparate donde entre otras cosas había un belén. María lo miró y dijo: «Anda, mira, Jesús y su pandilla».

Daniel, 8 años

Daniel estaba hablando con su madre y le preguntó: «Mamá, ¿qué es seso?». Su madre le dijo: «Pues llega un momento en una pareja...». Pero Daniel cortó: «No, mamá. Yo ya tengo 8 años y sé lo que es el SEXO. Quiero saber qué significa SESO, con S».

Nacho y Miriam, 3 y 6 años

Nacho y su prima Miriam estaban en el pueblo de sus abuelos cuando el niño preguntó a una abuelita vestida toda de negro: «Oiga, señora, ¿es usted una bruja?». La señora se molestó y empezó a regañarle a gritos. Entonces Miriam, para intentar arreglarlo, dijo: «Señora, mi primo no ha querido decir que sea usted una bruja, sólo que lo parece».

Adrián, 7 años

Adrián pasaba las tardes de los miércoles en casa de sus abuelos. En la tele ponían el polígrafo y entre las preguntas realizadas al entrevistado estaba la de «¿Has mantenido relaciones sexuales con...?». Al volver a casa, Adrián le preguntó a su madre: «Mamá, ¿qué son las relaciones sexuales?». Su madre se lo explicó claramente para que lo pudiera entender, y entonces, muy serio, volvió a preguntar: «¿Y tú crees que el yayo tiene relaciones de ésas?».

Ferran, 8 años

Para el Día del Padre Ferran le hizo una postal a su padre que decía: «Papá, te quiero mucho. Eres el mejor padre del mundo y, cuando te mueras, te llevaré las flores más bonitas que encuentre».

Jorge, 3 años y 10 meses

Jorge incluyó en una frase la palabra «haiga», y sus padres le dijeron: «Eso está mal dicho: "haiga" no existe como palabra». Jorge les respondió: «¿Ah, no? Y *Caiga quien caiga* ¿qué?».

Dani, 3 años

Dani iba con su prima y su tía cuando vio a lo lejos una M del McDonald's de esas que sobresalen del techo, y dijo: «¿Veis esas dos tetas allá lejos? Pues eso es el McDonald's».

Laura, 7 años

Laura estaba con su padre mientras él sacaba dinero del cajero. Y de repente se volvió hacia la gente que había en la cola del cajero y dijo: «Mi padre tiene mucha suerte, siempre le toca premio».

Mari Luna, 3 años

Cuando apenas empezó a hablar, Mari Luna ya sabía muchas palabrotas lights que su hermano mayor de 11 años le había enseñado: culo, tonta, marrana, fea. Y su preferida, que era «peo». Un día estaba comiendo con su familia y se le escapó un enorme eructo. Su madre le preguntó: «¿Qué ha sido eso?». Mari Luna contestó muriéndose de risa: «¡Se me ha escapado un peo por la boca!».

Juan, 5 años

Juan preguntó a sus padres un día que soplaba un vendaval: «Oye, papá, mamá, ¿el viento tiene boca?». Y sus padres le respondieron: «No». Y dijo Juan: «Entonces, ¿por dónde sopla?».

Iker, 5 años

Iker preguntó a su madre: «Mamá, ¿la virgen María vive en el cielo?». «Sí», le dijo su madre. Y dijo Iker: «Entonces vive con Supermán».

Alfredo, 2 años y 6 meses

Cuando comenzó un nuevo curso, el padre de Alfredo lo llevó a la guardería y lo presentó a sus nuevos compañeros. Cuando volvió a recogerlo, le dijo: «Venga, dale un beso a tu nueva compañera María que nos vamos». Alfredo respondió: «¿Por qué? Si todavía no le he pegado».

María, 3 años

Estaba María con su abuela a última hora de la tarde, todavía había luz solar, pero ya se veía la luna. De pronto María miró al cielo y dijo: «Abuela, la luna se ha equivocado».

Paula, 7 años

Un día su abuelo le dijo: «Este verano se vuelve a casar tu tía Susi con su marido Gaspar, porque hace cincuenta años que se casaron y celebran sus bodas de oro». Paula preguntó: «¿Cincuenta años? Eso hace mucho tiempo, ¿no?». Su abuelo le contestó: «Sí, antes de nacer tú». Y dijo Paula: «¿Pero antes de Cristo?».

Álvaro, 3 años

Álvaro estaba viendo la tele con su abuela cuando salió un anuncio de compresas. Álvaro le dijo a su abuela: «Mira, abuela, eso te lo puedes pedir tú para los Reyes».

Esteban, 9 años

Esteban estaba comiendo y dijo: «No quiero más». Entonces su madre le pidió: «Pues ponlo otra vez en la olla». Él se lo comió todo y su madre le preguntó: «Pero ¿no decías que no querías más?». Él respondió: «Es que me daba más trabajo ponerlo en la olla que comérmelo».

Giselle, 6 años

Un día estaba Giselle con su madre y con su abuela y su madre la riñó. Giselle se puso a llorar desconsolada y, cuando se calmó, le dijo a su abuela: «Yaya, ¿sabes qué es lo peor de llorar? Que las lágrimas cuando se secan se te quedan en la cara como si fueran de pegatina».

Paco, 8 años

Paco estaba el otro día viendo con sus padres un episodio de *House* en el que había un hombre gordísimo en una cama y los bomberos estaban intentando levantarlo para llevárselo pensando que estaba muerto, pero al alzarlo se oyó un pedo y resultó que el hombre no estaba muerto, así que se lo llevaron al hospital. Y entonces dijo Paco: «En algunas situaciones un peo es el mejor amigo del hombre».

Marta, 3 años

Marta le dijo un día a su madre: «Mamá, yo quiero ser chico». Y su madre extrañada le preguntó: «¿Para qué?». Y Marta dijo: «Para tirarme pedos pero muy muy gordos».

Pol, 7 años

Los padres de Pol estaban separados, así que un día Pol preguntó a su tía: «Tía, si mi papi y mi mami se han separado, ¿por qué sigue siendo mi papi?». La tía para salir del marrón dijo: «Porque un día tu papi le puso una semillita a tu mami dentro y naciste tú, y por eso siempre será tu papi». Pol se la quedó mirando muy serio y dijo: «Qué semillita ni semillita. Si mi padre le hubiera puesto una semillita a mi madre dentro, habría nacido una flor, no un niño».

Pablo, 4 años

En el cole, cuando iban a llegar los Reyes Magos, la maestra dijo: «Sentaos, que vienen los Reyes de Oriente». Y Pablo soltó: «No, Baltasar viene de África».

Pablo estaba viendo la tele con sus padres mientras hablaban de Penélope Cruz y de la película *Jamón, jamón*. Pablo preguntó: «Mamá, ¿sabes que también hay una película que se llama *Mortadela y Filemón?*».

Ángela, 4 años

A Ángela le habían puesto gafas y después de llegar con sus gafas a casa le dijo a su madre: «Mamá, yo no sé por qué me han puesto gafas, si yo veo muy bien. Mira, tú eres mamá, tú eres papá...».

Sofía, 5 años

Sofía iba por la calle con su madre, que la estaba riñendo: «Pórtate bien que el niño Jesús está en el cielo y te está viendo que te estás portando mal». Sofía le dijo: «Pues en el cielo están todos muertos: los abuelos muertos, los niños muertos y Rocío Jurado».

Iván, 6 años

Cuando iba a nacer su prima, su madre le dijo: «Va a ser una niña». Así que Iván preguntó: «¿Cómo lo sabes?». Su madre se lo explicó: «Con una máquina se ve dentro de la barriga de su madre». Y dijo Iván: «¡Ah! ¿Y así ven si lleva pendientes?».

Guillermo, 4 años

Guillermo se había portado mal todo el día, así que por la noche le dijo su padre a la hora de la cena: «Como sigas así, te va a castigar el señor». Guillermo le contestó: «Pero, papá, si es de adorno, ¿cómo me va a castigar?».

Marcelo, 4 años

Marcelo iba en autobús con su madre cuando vieron a un señor muy muy bajito.
Marcelo preguntó de viva voz:
«¿El señor tiene el pito chiquitito como el mío o grande como el de papá?».

Juanillo, 3 años

Juanillo estaba comiendo lentejas, que no le gustaban nada y no quería comer, así que le dijo su madre: «Lentejas, comida de viejas, si quieres las comes y si no...». Juanillo exclamó todo serio: «¡Arroz!».

Ismael, 4 años

En el colegio le habían enseñado las características de los mamíferos y, un día que estaba su madre depilándose, le preguntó Ismael: «Mamá, ¿qué haces?». Y su madre respondió: «Quitarme los pelos». Y dijo Ismael: «¡Pues ya no vas a ser un mamífero!».

Unai, 8 años

La madre de Unai le explicó un día: «Pues, cuando yo era pequeña y las monjas nos pillaban comiendo chicle, nos lo pegaban al pelo». Y Unai dijo muy serio: «Mamá, las monjas están ahora en peligro de extinción, ¿no?».

Hugo, 3 años

Un día le dieron a su padre un golpe en el coche nuevo y Hugo preguntó: «¿Qué ha pasado?». Su padre respondió: «Que el coche tiene un bollo». Al día siguiente se lo contó a su abuela: «¿Sabes, abuela? Mi coche nuevo tiene un cruasán».

Sofía, 7 años

Un día Sofía le dijo a su madre: «Mamá, si dos hombres que se quieren son gays, dos mujeres que se quieren ¿qué son? *¿Güellas?*». «No, son lesbianas», dijo su madre. Y dijo Sofía: «¿Y si son dos viejecitas?».

Iván, 7 años

Un día que Iván no paraba de toser su padre le dio un vaso de limón con miel. Al tomárselo, dijo Iván: «Papá, esto está malísimo». Su padre le respondió: «Lógico, hijo, es que todo lo malo cura». Iván le preguntó: «Entonces, ¿los garbanzos también curan?».

Laura, 3 años

Laura comentó con su madre y su tía las ganas que tenía de ir a la piscina, y ellas le dijeron: «Laura, hasta el verano no se puede ir». Laura les preguntó: «¿Cuándo va a ser verano?». Y su madre le respondió: «Cuando no llevemos abrigo». Y dijo Laura: «¿Y por qué no nos lo quitamos?».

Alba, 7 años

Un día le preguntó Alba a su padre: «Papi, ¿qué es ser diabólico?». Su padre le contestó: «Pues es alguien que es muy muy malo». Y Alba dijo: «Pues mi amigo Adán es diabólico». Y su padre le preguntó: «¿Por qué dices eso?». Y Alba le respondió: «Pues porque no puede tomar azúcar y le tienen que pinchar todos los días en el dedo».

Jorge, 7 años

Tras una pelea con otra niña su madre le regañó y le dijo: «Pórtate bien, que Dios está en todas partes y está viendo que te estás portando mal». Y Jorge contestó: «Ah, pero ¿aún está vivo?».

Marc, 5 años

Una noche, mientras estaban cenando, Marc estaba portándose mal y le pidió su madre: «Marc, haz el favor de sentarte como Dios manda». Y él dijo muy serio: «Mami, Dios no existe».

Óscar, 4 años

Una tarde de verano, cuando toda la familia se estaba duchando y arreglando para salir a pasear, Óscar iba de una habitación a otra observando a su padre, a su hermano mayor... Su madre estaba en la ducha, y Óscar le dijo: «¡Mamá, el papá tiene pene!». Su madre se lo confirmó: «Sí, cariño, el papá tiene pene». «Mamá, ¿y yo tengo pene?», le preguntó Óscar. Y su madre le respondió: «Sí, tú tienes pene». Y dijo Óscar: «Y tú, mamá, ¿qué tienes? Ahhh, ¡tú tienes pelillos!».

Javier, 4 años

Su padre le explicó que iba a trabajar para ganar dinero y poder comprar cosas. Un día Javier le pidió a su padre que le comprara unas chuches y su padre le dijo que no tenía dinero, así que Javier le preguntó: «Pero hoy has ido a trabajar, ¿no?». «Sí», contestó su padre. Y Javier volvió a preguntar: «¿Y no te han dado monedas?». «No», respondió su padre. Y dijo Javier: «Pues no vuelvas».

Ana, 4 años

Estaba con sus padres jugando en el sofá cuando le dijo su padre: «Qué preciosa eres y qué lista que vas a ser». Y Ana dijo: «No, si lista ya soy».

Elvis, 3 años

Estaban viendo *El hormiguero*. Pablo estaba leyendo las noticias y dijo Elvis: «Pues sí que tiene cara de hormiga».

Guillermo, 4 años

Un día su padre le preguntó: «Guille, ¿tú qué vas a ser de mayor?». Y Guillermo le respondió: «¿Qué pasa? ¿Ya te vas a morir?».

Julio, 5 años

Julio le preguntó a su padre: «Papá, ¿qué es parir?». Su padre le contestó: «Pues parir es cuando un animal tiene cachorritos, o ahora, que la tía está embarazada y nacerá el bebé; eso es parir». Y Julio preguntó: «¿Y la madre que te parió?».

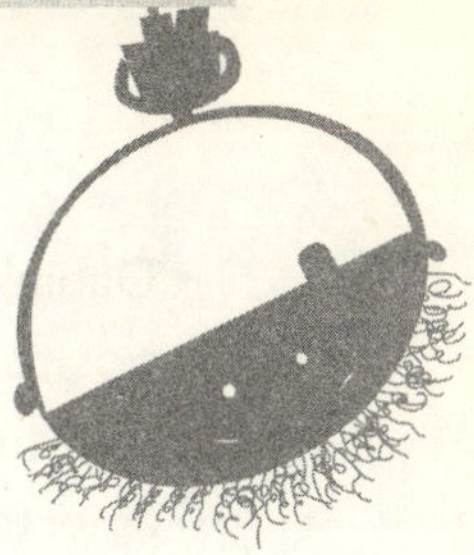

Laura, 2 años

Laura es de origen chino. Un día, cuando su madre la llevó a la guardería, vio a una niña china y le dijo a su madre: «Mira, mamá, una niña con mi cara».

Guillermo Jesús, 7 años

Cuando su madre le dijo un día que lo iba a llevar al médico para sacarle sangre, él contestó: «Bueno, voy si después me la devuelven».

Claudia, 3 años y 6 meses

Su padre le hizo el cabecero de la cama con forma de Mickey Mouse y, cuando se lo puso en su habitación, Claudia le dijo a su padre: «Papá, me gusta mucho porque es Mickey Mouse. Si no, sería una rata asquerosa».

Lucas, 4 años

El otro día Lucas se cayó y se dio un golpe en la frente. Estuvo llorando, y su madre le dijo: «Venga, que no es nada». Lucas, con lágrimas en los ojos y muy serio, le dijo: «Pero... mamá, todavía estoy vivo, ¿verdad?».

Daniel, 6 años

Daniel se puso malito y el pediatra le recetó supositorios. Su madre se lo puso en un momento de distracción y el niño le dijo con los ojos abiertos como platos: «Mamá, ¿por qué me metes la aspirina por el culo?».

Marc, 4 años

Iba en el coche con su padre y pararon en un semáforo. Se acercó a pedir una mujer que llevaba un pañuelo en la cabeza y una especie de túnica y el padre le dijo que no llevaba nada y, cuando reanudaron la marcha, dijo Marc: «Papá, ¿qué quería la Virgen?».

Clara Estefanía, 5 años

Iba de viaje al pueblo y al llegar, tras tres horas de camino, Clara estaba cansada. Salió del coche, se estiró un poco, luego se echó una mano a la espalda y dijo: «¡Ay! Me duelen las chuletas».

Diego, 6 años

Diego le estaba contando a su tío que se levantaba dormido por las noches y le dijo: «Es que soy un ángulo, ¿sabes?».

Víctor, 3 años

Una noche, cuando se iba a dormir, dijo Víctor: «Ya no tengo pilas...».

Marc, 3 años

Su padre lo llevaba por la mañana al cole. Un día, cuando lo dejó en clase, Marc le dijo: «Te quiero más que a nadie». Cuando el padre ya se iba, Marc, a gritos, le pidió que volviera. Cuando su padre llegó a la clase otra vez, Marc le dijo: «No puedo mentir, quiero más a la mamá».

Sergio, 7 años

Sergio estaba hablando un viernes con su novieta en el patio del colegio y ella le dijo: «Mañana nos divorciamos». Y Sergio le contestó: «No puedes, mañana no hay cole».

Isabel, 7 años

Un día estaba hablando de Tutankamon con su madre y le soltó: «¿Y por qué en vez de en un museo no ponen a Tutankamon en Ikea, que se puede tocar todo?».

Carlos, 7 años

Su madre le preguntó un día: «Carlos, para la comunión, ¿qué prefieres? ¿Vestirte normal o de marinerito?». Y Carlos contestó: «¿Y no puedo vestirme de Batman?».

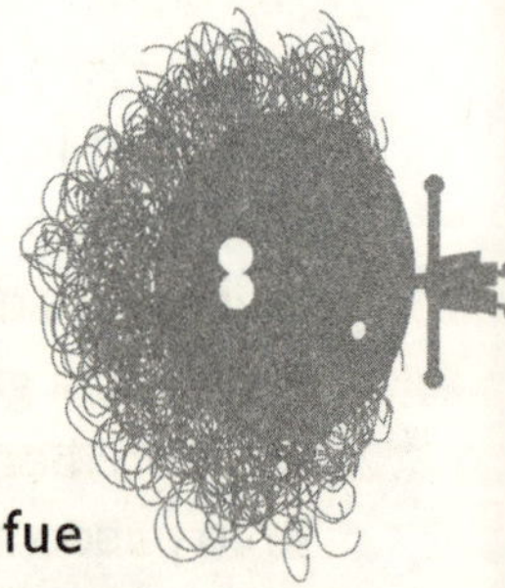

Ángela, 3 años

Un día Ángela estaba con su tía y con su madre, se estaba portando mal y su madre la riñó. Ángela se puso a llorar y fue a su tía para que la cogiera en brazos. Cuando llegaron al coche y su tía la dejó en el suelo para abrirlo, Ángela le tiró de la chaqueta y le dijo: «Oye, que todavía estoy llorando».

Luna, 8 años

Luna le estaba contando a su tía todos los regalos que le iba a pedir a los Reyes y, como eran muchos y bastante caros, su tía le explicó que los Reyes tenían que hacer regalos a muchos niños y no les llegaba el dinero para comprarles a todos cosas caras, así que Luna escribió la carta con todo lo que quería y al final puso: PD: «Y no os preocupéis que os voy a dar dinero».

Miguel, 7 años

Un día en que hacía mucho sol Miguel iba paseando con su madre y se cruzaron con dos monjas, y Miguel comentó: «Mamá, hoy no va a llover, ¿verdad?». Y su madre le contestó: «No, cariño, ¿no ves qué sol hace?». Y Miguel dijo: «Entonces, ¿por qué esas señoras llevan capucha?».

Diego, 5 años

A Diego le gusta dormir en la cama con sus padres y siempre se está inventando excusas para poder quedarse. Un día su padre le dijo: «Diego, vete a dormir». Y él contestó: «No quiero». Y su padre preguntó: «¿Por qué?». Y dijo Miguel: «Porque quiero dormir abrazadito». «Pues abrázate a tus muñecos y déjame en paz, anda», dijo su padre. Y contestó Diego: «¡Ah, no! Yo quiero dormir abrazadito de algo vivo. Los muñecos no respiran».

Lluc, 3 años

La mamá de Lluc los jueves va a yoga. Un día no le dio tiempo a ir porque tenía que ir a comprar con Lluc y, cuando estaban pagando, el niño le dijo: «Mami, ¿por qué no vas a yoga hoy?». Y su madre le contestó: «Porque no tengo tiempo, hemos tenido que comprar muchas cosas y ahora no me da tiempo de llegar». Y el niño entonces dijo: «Y ¿por qué no has comprado tiempo?».

Álvaro, 3 años

Estaba chupando un caramelo y le dijo a su madre: «Mamá, este caramelo tiene un sabor de cinco estrellas».

Lucía, 4 años

Un día Lucía fue al cine con sus padres a ver una peli de dibujos que daba un poco de miedo. Compraron palomitas y chucherías para ver la película y a los cinco minutos de empezar salió un personaje horroroso y Lucía se asustó. Su madre le preguntó: «¿Quieres que nos vayamos?». Y Lucía contestó: «Sííííí». Y entonces se quedó un momento callada y añadió: «Pero ¿tenemos que devolver las palomitas y las chuches?».

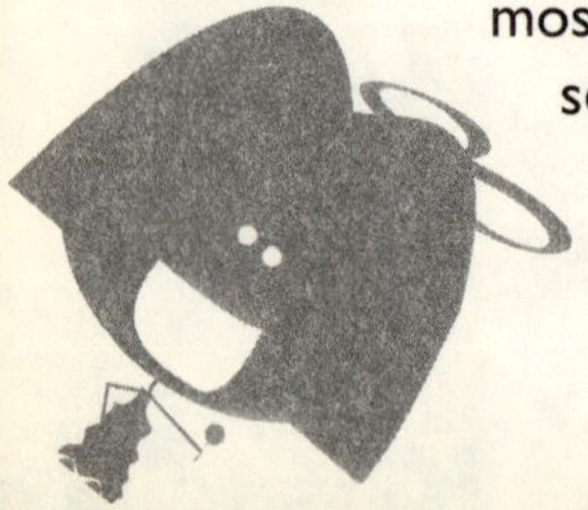

Raúl, 5 años

Un día estaba viendo con sus padres anuncios en la tele y preguntó: «¿Qué quiere decir barato?». Su padre le respondió: «Pues lo que cuesta poco». Y Raúl se quedó un momento pensativo y dijo: «Entonces, lo gratis es lo más barato, ¿no?».

Diego, 3 años

Sus padres estaban hablando de las buenas notas de su hermano mayor, y le preguntaron a Diego: «¿Tú en el cole también vas a sacar sobresalientes?». Y dijo Diego: «No, no, yo voy a sacar de portería».

Alba, 4 años

Estaba un día comiendo con sus padres y dijo: «¿Sabéis una cosa? Me gustan los cerditos». Y sus padres le preguntaron: «¿Por qué, hija?». Y Alba dijo: «Pues porque son rosas, como las princesas».

Miguel, 4 años

Los Reyes le trajeron a Miguel una mesa para hacer sus dibujos. Un día, mientras jugaba, le dio la vuelta a la mesa, vio la etiqueta y dijo: «Mamá, en el cielo también hay Ikea».

Román, 6 años

Román le preguntó a su madre en Navidad: «Mamá, en Navidad ¿qué celebramos?». Y su madre le dijo: «El nacimiento del niño Jesús». Y Román le contestó: «Pero ¿no nació el año pasado?».

Andrés, 6 años

Andrés iba a comer con sus padres a Valencia. De camino Andrés le preguntó a su madre: «Mamá, cuando vayamos a Valencia, ¿vamos a pasar por delante del cole y por delante de casa de los yayos?». Su madre le respondió: «No, Andrés, no nos pilla de camino». Y entonces dijo el niño: «¿Qué pasa? ¿Que existe otro mundo?».

Isabel, 6 años

Un día volvió del cole y le dijo su madre: «¿Qué tal la clase de Música?». Y dijo Isabel: «Pues ha venido una profesora nueva». Su madre le preguntó: «¿Habéis cambiado de profesora?». Y dijo la niña: «No, ésta es sólo de repuesto».

Julia, 3 años

Un día su madre se estaba maquillando y le preguntó Julia: «Mamá, ¿qué estás haciendo?». «Me maquillo», le contestó su madre. Y Julia dijo: «¿Para ir a trabajar como los payasos?».

Aitor, 3 años

Un día viendo una película vio a un hombre negro y a otro blanco juntos y le preguntó a su madre: «¿Por qué ese hombre es así?». Y su madre le contestó: «Porque ese hombre es negro». Y Aitor siguió: «¿Y el otro?». Y su madre respondió: «El otro es blanco, como tú». Y dijo el niño: «Yo no *zoy* blanco, *zoy docita*».

Jorge, 5 años

Jorge salió un día del cole y había ido su abuela a recogerlo. Por el camino iba muy serio porque le habían puesto muchos deberes, y su abuela le preguntó: «Jorge, ¿qué te pasa que vas tan serio?». Y Jorge le contestó: «Abuela, ¡¡que tengo un *embolao!!*».

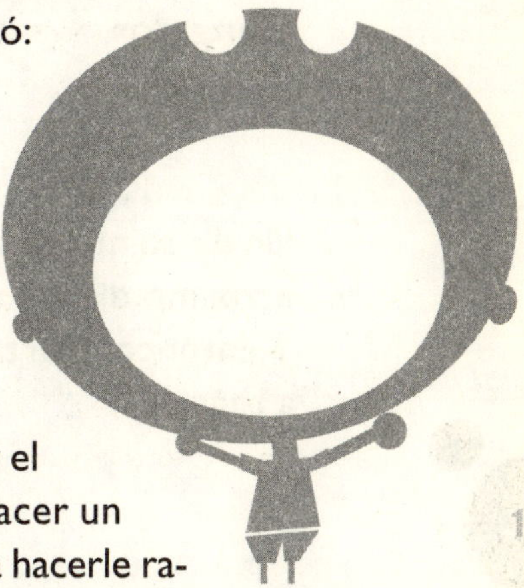

Álvaro, 5 años

Álvaro estaba con su tío y el niño le dijo que le iba a hacer un truco de magia. Su tío, para hacerle rabiar, le dijo que no se creía que pudiera hacer magia. Entonces el niño se fue enfadado a su habitación y cerró la puerta, pero de repente salió y dijo: «¿Para qué he venido a este mundo si nadie me cree?».

Laia, 5 años

Su padre iba a beberse un vaso de vino y Laia, mirando la botella, dijo: «¡Papá, no te lo bebas! ¡Que está caducado! ¡En la etiqueta dice 2005!».

Irene, 8 años

Un día Irene le dijo a su madre: «Mamá, si la tía Yoli se casa por el juzgado en vez de por la iglesia, yo quiero tomar la primera comunión por el juzgado».

Marta, 3 años

Un día su madre la estaba bañando y le dijo: «El próximo día me meto contigo en la bañera». Y entonces Marta preguntó: «¿Y quién nos va a bañar?».

Claudia, 2 años

Su madre le acababa de leer el cuento de Caperucita y le preguntó a Claudia: «¿Cómo es el lobo?». Y ella respondió: «Malo». La madre le preguntó: «¿Y cómo es la abuela?». Y Claudia contestó: «Buena». Y su madre preguntó: «¿Y cómo es Caperucita?». Y dijo Claudia: «Caperucita es roja, mamá».

Emilio, 5 años

Cuando su madre estaba embarazada de su hermano, le preguntó a Emilio si le apetecía tener un hermanito. Al principio Emilio contestó que sí, pero al cabo de un rato le dijo: «Mamá, he pensado que mejor se lo pedimos a los Reyes Magos y así nos lo traen ya vacunado y todo».

Otro día su tía le dijo a Emilio que, cuando escribiera la carta para los Reyes, no se olvidara de pedir algo para su hermanito de 1 año. Y Emilio le dijo: «Verás, pues no va a poder ser, porque, como no habla, no sabemos qué querrá».

Alejandro, 3 años y 6 meses

Alejandro se estaba portando muy mal un día y sus padres le dijeron: «Tienes que portarte bien porque los Reyes Magos te están vigilando todo el tiempo y no te van a traer nada». Y Alejandro contestó: «Mamá, ahora no pueden verme, que están las cortinas echadas».

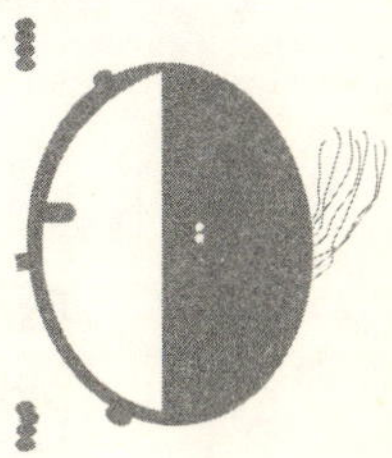

Yoné, 4 años

Estaba su mamá cambiándole el pañal a la hermanita pequeña de Yoné, y de repente el niño abrió la ventana y le dijo al bebé: «Mira, ahí está el mundo real».

Víctor, 3 años

Un día Víctor le preguntó a su madre: «Mamá, papá está viejo, ¿no?». «Sí, hijo», le contestó la madre. «Y tú también, ¿no?», dijo Víctor. «Sí, un poquito», le contestó su madre. Y el niño dijo: «Entonces, el único nuevo en casa soy yo, ¿no?».

José Mari, 5 años

José Mari le preguntó a su tía por qué la bandera de España que tenía ella colgada en su habitación tenía un trozo morado (era la bandera republicana) y antes de que a su tía le diera tiempo a contestar dijo José Mari: «Ah, ya sé, es la bandera de España de niñas».

Paulo, 3 años

Al salir de la ducha no quería ponerse la ropa, y estaba jugando con su pene, y su madre le dijo: «Paulo, deja de tocarte ahí». Y el niño contestó: «Ooooh, ya sabré yo. Es mía, ¿no?».

Pablo, 7 años

Estaba en el supermercado con su madre y le pidió una Coca-Cola. Su madre lo miró y le dijo: «Pues sí que me vas a salir caro». Y dijo Pablo: «¡Mamá, así es la vida!».

Lucía, 3 años

El otro día fue su abuela a buscarlo al colegio y le llevó de regalo una muñeca pepona que hablaba. La muñeca decía: «Hola, mamá». Cuando Lucía oyó a la muñeca, se asustó, tiró la muñeca y dijo: «Yo no soy tu madre, ¡calla!».

Enrique, 4 años

El otro día estaba con su madre mientras ésta sacaba dinero de un cajero. Cuando recogió la tarjeta y salió el dinero, el niño le preguntó: «¿Qué te ha tocado?».

Raúl, 6 años

Su hermano estaba explicándole que la carne sale de los animales y que los peces se alimentan de otros peces y que comen plantas marinas. Y entonces dijo Raúl: «Sí, hombre, ¿cómo van a comer los peces si no tienen pan?»

En otra ocasión Raúl le preguntó a su madre: «Mamá, ¿de dónde sacas los chorizos que le echas a la comida?». Y su madre le contestó: «Pues los compro». Y dijo el hermano de Raúl: «Y salen del cerdo». Y entonces preguntó Raúl: «¿Y por qué se los dan todos a Hipercor?».

Nikolás, 6 años

Un día su padre le preguntó: «¿A qué quieres que juguemos?». Y él respondió con inocencia: «¿Vale que yo era tu papá y te echaba sal en los ojos?».

Sara, 4 años

Un día estaba intentando escribir su nombre y, como no conseguía escribir bien la «s», dijo: «Creo que no me debería llamar Sara».

Ángela, 5 años

Un día, hablando con su madre de cómo nacían los niños, le preguntó: «Oye, mamá, eso de los niños ¿cómo es? ¿El médico te da los que quiera o se los pides tú?».

Carmen, 6 años

Un día Carmen volvió del colegio y le dijo a su madre: «Mamá, ya sé lo que es una puta, me lo ha explicado mi señorita». Su madre, extrañada, le preguntó: «A ver, ¿qué significa?». Y dijo Carmen: «Es cuando un gusano se envuelve y se convierte en mariposa». «Carmen, eso es un capullo», le comentó su madre. Y entonces ella dijo: «Eso, yo sabía que era una palabrota».

David, 3 años

Cada vez que el niño hacía algo bien o comía en condiciones, su abuela le decía: «Olé tus huevos». Y un día, comiendo en un restaurante con sus padres, la comida tardaba un poco y todos estaban hambrientos. Cuando por fin el camarero puso la comida en la mesa, se oyó la vocecita de David que decía: «Olé tus huevos».

Almudena, 3 años

Su padre le preguntó qué nombre le gustaría que le pusieran a su hermanito si tuviera uno y Almudena respondió muy segura: «Bart Simpson».

Laura, 5 años

Iba en coche con su padre por Madrid, por el barrio de Salamanca, por la zona de tiendas caras, y comentó su padre: «Un día me tengo que comprar un traje de Hugo Boss». Y la niña no le hizo ni caso. Y un poco más adelante dijo su padre otra vez: «Claro, que puestos a dejarme una pasta, podría comprarme un traje de Armani». Y dijo Laura finalmente: «¿Y por qué no te compras un traje de Power Ranger que se convierte en muchos muy bonitos?».

Carlos, 3 años

El profesor dijo a los niños en clase que Papá Noel entraba por la chimenea para dejar los regalos. Cuando llegó a su casa, Carlos le dijo a su mamá: «Entonces, en casa de la tía, que no hay chimenea, ¿Papá Noel entra por los radiadores?».

Carola, 3 años

Un día Carola le preguntó a su abuela: «Yaya, ¿tus tetas son de decoración?». Y le dijo su abuela: «No, mujer, cuando tu mamá y tus tías eran pequeñas, yo les daba leche de mis tetas». Y Carola le dijo: «Sí, entonces bien, pero ahora ¿para qué las quieres ya?».

Ignacio, 4 años y 6 meses

Ignacio se quejaba de que le dolía la barriga después de haber comido tarta de chocolate. Su abuela le dijo: «Será del chocolate. Este niño no debería comer tanto chocolate». Y entonces dijo Ignacio: «No, no es del chocolate, es de las cosas con chocolate».

Toño, 3 años

Hace poco Toño subió por primera vez en avión, de Málaga a Canarias, y cuando estaban sobrevolando África miró por la ventana y dijo muy emocionado: «¡¡Papi!! ¡¡Mami!!... ¡¡¡Mirad!!! ¡¡Si estamos dentro de un mapa!!».

Guillermo, 4 años

Un día que no quería comer y no se estaba quieto su madre le dijo: «Siéntate y come como una persona». Él empezó a llorar y dijo: «Me has llamado chica, y yo no soy una chica...». Y su madre le contestó: «Pero si yo no te he dicho eso...». Y entonces le dijo el niño: «Sí, me has llamado persona y yo no soy una persona, soy un *person*».

Laura, 7 años

El otro día iba por la calle con su madre y vieron en el suelo un disco de vinilo medio roto. Laura muy sorprendida dijo: «¡Hala, mamá, mira lo que hay ahí!». Y su madre preguntó: «Pero ¿tú sabes lo que eso?». Y Laura respondió: «Pues, claro, un CD de la antigüedad».

Marta, 3 años

El otro día Marta le preguntó a su madre: «Mamá, ¿qué tenemos dentro del cuerpo?». Ella le dijo: «¿Qué quieres decir?». «Pues si el cuerpo por dentro es duro o blando», dijo la niña. Su madre le contestó: «Pues hay cosas duras y cosas blandas». Y entonces Marta dijo: «¡Ah! Por eso a veces hago caca dura y a veces caca blanda».

Paula, 5 años

Paula se estaba peleando con su hermano Jorge, de 4 años, y el niño le dio un golpe en la cabeza, y ella le dijo: «¡Jorge, que sepas que me has roto el cerebro... porque me has dado justo donde me estaba naciendo una idea...!».

Francisco, 4 años

Francisco y su hermano Heraclio se encontraron con unos primos el día de Navidad y sus primos les enseñaron los regalos de Papá Noel. Por la tarde, ya en casa, Heraclio se quejaba de que a sus primos les trajeran regalos Papá Noel y los Reyes Magos, mientras que a él y a su hermano Paquito sólo les traían regalos los Reyes Magos. Entonces, Francisco, para consolar a su hermano, le dijo: «Heraclio, no te preocupes. A mí me parece que Papá Noel es un gilipollas...».

Irene, 4 años

Irene ya no tiene abuelos maternos y se obsesionó con conocerlos. Su madre le enseñó la foto de la boda de los abuelos y ella muy enfadada le dijo: «Pero ¿cómo van a ser éstos mis abuelos? ¿No ves que son jóvenes?».

Gonzalo, 4 años

A Gonzalo siempre le han dicho que no tiene que pedir que le compren nada y así conseguirá más cosas. El otro día, al pasar por delante de un quiosco, empezó a pedir chuches, y entonces le dijo su madre: «No pidas, Gonzalo...». Y el niño contestó: «No, mamá, si sólo te lo estoy recordando».

Alicia, 4 años

Alicia no sabía pronunciar la letra «r». Un día, en el parque, la madre oyó a un niño pronunciar perfectamente «guitarra» y le comentó por lo bajo a su marido: «¿Has visto qué bien ha dicho ese niño «guitarra»?». Al oír esto, Alicia se dio la vuelta y dijo: «¿Y qué? Yo también digo muy bien "jamón"».

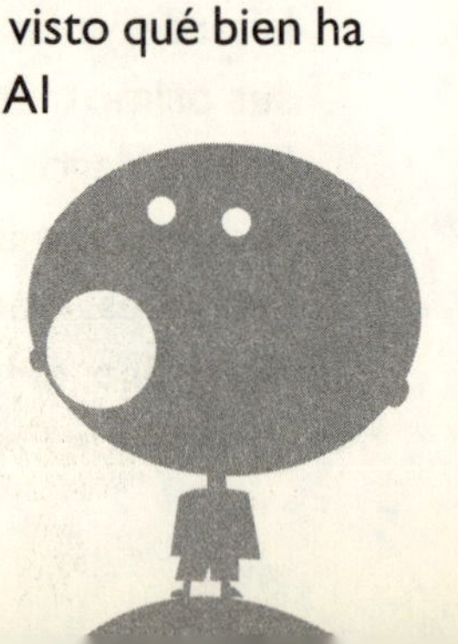

Paula, 3 años

Su madre un día le dijo a Paula: «Pórtate bien, porque los Reyes Magos te están viendo y, como te portes mal, ellos saben lo que tienen que hacer». Y Paula contestó: «Sí, me quitan un punto y ya está».

Thalía, 5 años

Una noche, cuando su madre la llevó a la cama, Thalía le preguntó: «¿Y si mañana cuando te levantes he crecido y no me reconoces?». Y su madre le explicó: «No, hija, no crecerás de repente, sino poco a poco». Y entonces la niña dijo: «¿Y me va a doler?».

Eva, 4 años

Viendo un día la tele, preguntó: «¿Esta película es de risa?». Sus padres le dijeron que sí, y dijo ella: «¿Y cómo sabes cuándo te tienes que reír?».

Eva, 3 años

Al acostarla un día, le dijo su madre: «Buenas noches, que sueñes con los angelitos». Y ella contestó: «Mamá, soñaré con lo que me toque».

Beatriz, 4 años

Volvía con sus padres del tanatorio porque había fallecido un familiar y Beatriz preguntó que para qué habían ido y su madre le contestó: «Para decirle a la prima que lo sentíamos mucho». Y ella contestó: «Y ¿por qué? Si nosotros no hemos hecho nada».

Mario, 4 años

En un viaje estaba en un hotel con sus padres y Mario y su hermana Nuria estaban cotilleando la habitación. Cuando Mario vio el mueble de la neverita, preguntó: «¿Esto qué es?». «Pues la nevera», dijo su hermana. Y Mario contestó: «¡Qué nevera es ésta que no tiene Petit Suisse ni nada!».

Inés, 4 años

Un día Inés le comentó a su padre: «Papá, si te compras otro coche, cómpratelo como el del tío Luis, de color gris limpito».

Lucía y Tony, 3 y 4 años

Un día estaba Lucía con su padre y su primo Tony, y su padre le dijo: «Mira, Lucía, el tete es zurdo». Y Lucía le preguntó a su primo: «Tete, ¿eres zurdo?». A lo que Tony contestó: «No, zurdo, no. Yo como de todo».

Carlos, 2 años y 6 meses

Estaba el padre de Carlos haciendo pis en el cuarto de baño y entró el niño, se le quedó mirando un rato y le dijo: «Pos mamá ahí sólo tiene pelos».

Andrés, 4 años

Un día suelta Andrés: «Yo de mayor quiero ser primero Fernando Alonso y después marciano».

Nacho, 4 años

Nacho fue con su padre al pediatra porque tenía otitis y, cuando el médico le preguntó qué le pasaba, Nacho dijo: «Tengo señores dentro del oído».

Guillermo, 5 años

Su madre intentaba despertarle un lunes para ir al cole y después de llamarlo varias veces dijo Guillermo: «Espera, mamá, que sólo me falta un ojo para despertarme».

Maui, 3 años y 6 meses

Maui tenía dudas acerca de la diferencia entre joven y viejo, y su madre se lo explicó: «La abuela es vieja y tú eres joven». Y dijo Maui: «Yo no soy joven, yo soy nuevo».

Jorge, 7 años

Un día le preguntó a su madre: «Mamá, la abuela ¿cómo nació?». «¿A qué te refieres?», le preguntó su madre. Y él contestó: «A que si cuando la abuela nació existían las personas».

Laura, 3 años

Iba a bajar unas escaleras con su abuelo y éste le dijo: «Laura, ¿me das la mano?». Y Laura le contestó: «¿Por qué, yayo? ¿Es que te da susto?».

Ze Leonardo, 4 años

Después de su baño diario su padre le estaba curando de unas escaldaduras que le habían salido entre las piernas del calor y de tanto jugar y correr por la casa. El niño estaba un poco rellenito y su padre le dijo: «Esto te pasa porque estas gordito». Y el niño contestó: «¿Y cómo a usted no le pasa, entonces?».

Pedro, 3 años

Le dijo un día Pedro a su madre: «Mamá, me quiero poner las zapatillas rojas». Y su madre le contestó: «No, Pedro, que te quedan pequeñas». Y entonces él dijo: «¿Todavía no han crecido?».

Mikel, 4 años

El verano pasado Mikel empezó a dormir sin pañal. La primera noche sus padres lo animaron a «ser un chico grande» y no hacerse pis en la cama. A eso de las cuatro de la madrugada sus padres oyeron que los llamaba: «¡Aitaaaaaaa...!». Sus padres fueron corriendo a su habitación y vieron que se había hecho pis y preguntaron: «¿Qué pasa?». Y dijo el niño: «¡Que la cama está sudando!».

Valeria, 3 años

Valeria estaba con su padre viendo en la tele un gran premio de fórmula uno y le dijo: «Papá, ¿te vas a comprar un coche de ésos?». Y su padre, pensando que son cuatro en la familia, le dijo: «No, amor, ahí sólo cabe una persona». Y Valeria entonces dijo: «Papá, ¡tú eres una persona!».

Teo, 3 años

Después de bañarse en la piscina de unos amigos Teo se quitó el bañador para secarse y le dijeron: «¡Anda, pero si tenemos aquí a un niño desnudo!». Y Teo contestó: «¡Soy el mismo Teo pero en bolas!».

Noa, 3 años

Iba con su padre en el coche y de repente dio un frenazo. La niña se quedó pensando y le preguntó: «Papá, ¿nos hemos matado?».

Marta, 7 años

Marta estaba muy callada sumida en sus pensamientos y de repente le preguntó muy seria a su madre: «Mamá, ¿nosotros somos de verdad o es que alguien nos está soñando?».

Mikel, 2 años y 6 meses

Al ver por primera vez el sexo de su hermanita pequeña cuando su madre la cambiaba, dijo muy serio: «Mamá, lo tiene roto».

Alejandro, 3 años y 6 meses

Dos días antes del primer cumpleaños de la hermana de Alejandro su padre llegó a casa con el regalo y lo llamó a escondidas para decirle que le había comprado a su hermanita un correpasillos y se lo enseñó. Le dijo que era un secreto y el niño se quedó pensando un rato y al final le dijo a su padre: «Papá, yo también quiero un secreto...».

Noemí, 2 años

Estaba en la piscina con su tía que la balanceaba cogida por las manos de un lado al otro en el borde, y le preguntó a la niña: «Noemí, ¿qué pasa si te tiro al medio de la piscina?». Y Noemí contestó: «¿Que me hago la caca encima?».

Martín, 4 años

Un día se quedaba a dormir en casa de sus abuelos y, al despedirse de sus padres, les hizo el siguiente ritual: Le da un beso a su madre: «Éste para la mamá». Le da un beso en la tripa (está embarazada de 6 meses): «Éste para Alejo». Le da un beso en la teta: «Éste para la leche de Alejo».

África, 4 años

Un día, mientras estaban comiendo, África le preguntó a su madre: «¿Por dónde crecemos: por la cabeza o por los pies?».

Ángel, 4 años

Una tarde, cuando volvió del cole, Ángel les dijo a sus padres que había tenido una sustituta. Al preguntarle cómo era, Ángel dijo: «Es un poco mayorcita pero... es humana».

Javier, 8 años

Un día salió del baño y le dijo a su madre: «Mamá, ya peso más de 30 kilos». Después sonrió y dijo: «¡¡¡Pero eso es contando la espalda!!!».

Jaume, 5 años

Jaume tiene un hermano gemelo y, cuando conoce a alguien, le muestra el detalle para que los distingan: unas pecas en la frente. Un día comentó: «La maestra no sabe quién soy si no me mira las pecas». Su madre le dijo: «No te preocupes, que yo sé quién eres sin mirártelas». Y el niño dijo: «¡Claro, porque fuiste tú quien me pusiste el nombre!».

Ana, 6 años

Ana estaba con su madre y de repente se sacó un moco. No encontraba dónde dejarlo y su madre le dio un pañuelo mientras la regañaba: «Ana, no te saques mocos de la nariz y, si lo haces, los pones en un pañuelo». Y Ana respondió: «¿Para qué necesito un pañuelo si en el colegio los pegamos todos debajo de la mesa?».

Eloy, 2 años y 6 meses

Eloy siempre acompaña a su madre cuando lleva a su hermano Salva a la logopeda. La otra tarde le pidió una galleta de chocolate a la logopeda y fue todo orgulloso a mostrársela a su madre. Ella lo miró con cara seria y le dijo: «Venga, ya sabes lo que tienes que decirle a Mari Carmen». Entonces Eloy se plantó delante de la logopeda y le dijo: «Te quiero».

Leire, 4 años

Leire estaba paseando con su familia en Navidad y se encontró con Papá Noel. Éste le ofreció un caramelo y Leire lo rechazó. Papá Noel le preguntó: «¿Por qué no lo quieres?». Y Leire le contestó: «Es que nosotros somos más de los Reyes Magos».

José, 5 años

José va a clases de música. Un día, al salir de clase, el profesor le dijo a su madre que había estado distraído todo el rato. Inmediatamente su madre le riñó: «No puedes estar perdiendo el tiempo en clase». Y él le contestó: «Mamá, no he perdido el tiempo, he estado jugando».

Charlie, 4 años

Charlie va a clase de religión y un día su madre le dijo que le contara la pasión de Cristo y el niño dijo: «A Jesús le *latigaron,* le pegaron, le clavaron... pero él insistía en no morirse».

Otro día estaba en la piscina con su familia. Su madre tenía a un bebé en brazos y él le dijo: «Mamá, tápale la cabeza al niño que le va a dar un *ipso facto»*.

Elisa, 2 años y 6 meses

Elisa estaba enfadada porque había pedido a los Reyes una hermanita y, según ella, le habían traído un niño grande que no sabía hablar. Y los padres le dijeron: «No les dijiste a los Reyes que tenía que saber hablar». Y ella respondió: «Vale, no lo pedí, pero lo pensé, y si son magos tendrían que saberlo».

Raúl, 3 años

Raúl iba con su madre en el coche, vio la luna en cuarto menguante y le preguntó: «¿Por qué la luna está tan pequeña?». La madre le dijo: «Pues, mira, la luna estaba dormida, vino el sol y le dio un mordisco porque la luna sabe a merengue. Pero a la luna no le importa porque vuelve a crecer». Y Raúl, después de escuchar en silencio, dijo desde su sillita del asiento de atrás: «Ahora cuéntamelo en verdad».

Aketza, 3 años

Un día Aketza le preguntó a su tía: «¿Tú no tienes niños?». Y su tía contestó: «No». «Pues cómprate uno», le dijo el niño. «Y ¿dónde me lo compro?», le preguntó ella. Y dijo Aketza: «En el supermercado». Y su tía le preguntó: «Y a ti, ¿dónde te compraron?». Y contestó el niño: «A mí, en Eroski».

Eva, 6 años

Iba en el coche con su padre escuchando los Rolling Stones y preguntó: «Y éstos ¿quiénes son?». «Pues los Rolling Stones», le contestó su padre. Y Eva dijo: «Y ¿quiénes son?». Y su padre respondió: «Pues son unos señores que son muy viejos y que todavía cantan». Y dijo la niña: «¿Y no les da vergüenza?».

Carles, 4 años

A Carles sus padres le han enseñado a no decir palabrotas. Le dicen, por ejemplo, que no diga tonta, sino que diga boba, que les parece menos insultante. Y, entonces, un día, estaba Carles contándoles a sus padres que una niña de su clase no le caía bien y dijo: «Esa niña es tonta, bueno, es boba porque no se puede decir tonta, pero es tonta».

Mariana, 7 años

Un día estaba Mariana de excursión con un grupo de gente por el campo, y empezaron a subir una montaña. Una de las niñas del grupo, en vez de seguirlos, se fue por otro lado, y todo el mundo empezó a llamarla. De repente Mariana se acercó al grupo y dijo: «Dejadla, que viva su propia aventura».

Manuel, 6 años

Cuando Manuel iba a comenzar en 1° de infantil, su madre siempre le decía: «Vas a dejar la guardería y vas a ir al "cole de los mayores"». El primer día de clase, al salir, su madre le preguntó: «¿Qué tal? ¿Cómo has pasado el día?». Y dijo Manuel: «¡Pero si son todos iguales que yo!».

Irene, 5 años

Estaban comentando un día en casa que «mister mundo» es español. Irene preguntó: «¿Qué es "mister mundo"?». «Pues, de todos los hombres del mundo, eligen a uno que es el más guapo», le contestó su madre. Y dijo Irene, mirando a su padre: «¿Y no te han elegido a ti?».

Sara, 6 años

Para el Día del Padre Sara hizo en el colegio un regalo, y su padre estuvo todo el día intentando que le dijera qué era. Le decía: «Anda, dímelo, porfa, anda». Y al final Sara le dijo: «Ay, papá, es que, si te digo que es un cenicero de barro, ya sabes lo que es, y no es sorpresa».

Julio, 4 años

Un día empezó a hacer preguntas relacionadas con la muerte: «¿Nos vamos a morir todos?», «¿cuándo nos moriremos?». Sus padres le contestaron que sí, que eso, tarde o temprano, sucedería, y Julio se puso muy triste. Al final consiguieron cambiar de tema, pero al cabo de una media hora, en medio de la cena, el niño preguntó de repente y casi llorando: «¿Y vamos a estar muertos todo el día?».

Ana, 6 años

Un día Ana estaba llorando por un capricho, y su abuela la regañó por llorar por una tontería. Entonces ella le contestó haciendo pucheros: «Pero si yo no quiero llorar, ¡es mi cuerpo!».

David, 3 años y 8 meses

David estaba con su madre y su hermana en el metro y vio que enfrente de donde estaban sentados ellos había un único asiento vacío y dijo: «Mamá, a este metro le falta una persona».

Pablo, 4 años

Después de entrar en el coche recalentado por el sol, cuando ya estaba sentado en su silla, dijo: «Mamá, pon la calefacción fría».

Guillermo, 4 años

Guillermo estaba bebiendo agua y dijo: «Pero esta agua no sabe a nada, ¡no tiene sentimientos!».

Ferran, 3 años

Ferran estaba en el baño, vio salir a su madre de la ducha y le dijo muy sorprendido: «¡¡¡Mamá, tienes barba en las piernas!!!».

Eva, 5 años

Eva iba en coche con su madre y le dijo: «Mamá, yo ya me puedo sacar el carné de conducir porque me sé las señales». «A ver si es verdad», le contestó su madre, «¿Qué quieren decir los colores de un semáforo?». Y Eva contestó: «Verde, puedes pasar; rojo, no pases, y naranja, corre que se va a poner rojo».

Pablo Motos en
punto de lectura